见证人讲述
雷锋日记

《雷锋》杂志 编

人民出版社

本书编委会

顾　　问：徐惟诚　李殿仁　杨春贵　李慎明

编委会主任：李庚辰

主　　编：陶克

执行主编：胡承山　曹一萍

编　　委：丁国彬　于　淼　王　放　尤　娜　曲　静
　　　　　朱　薇　朱剑平　许正林　孙　丹　李锡奇
　　　　　肖　燕　何宇红　余旭阳　张振江　张惠双
　　　　　周立仁　孟　敏　胡承山　姚瑞峰　秦雨希
　　　　　徐　明　徐顺达　曹一萍　詹立杰

编 者 的 话

为贯彻落实党的十九大精神和习近平总书记关于"雷锋精神是永恒的，是社会主义核心价值观的生动体现，要把雷锋精神广播在祖国的大地上"的重要指示，满足广大读者特别是青少年进一步了解雷锋，学习践行雷锋精神的需求，为大家提供通俗简明读物。在毛泽东等老一辈革命家为雷锋同志题词55周年之际，我们组织力量编写了《见证人讲述——雷锋日记》。

本书不是简单地重印雷锋日记，而是通过雷锋生前的领导、战友、同事、曾经辅导过的学生和帮助过的人的亲历讲述，追根溯源，挖掘出蕴含在日记诗文之中的一件件具体实例，从一个侧面将一个鲜活生动、血肉丰满、亲切感人的雷锋呈现给读者。

本书选编的148篇日记、4篇诗文和1个讲话稿，主要以解放军出版社出版的《永恒的丰碑——雷锋日记和雷锋故事集》、白山出版社出版的《雷锋日记·诗文选编》《雷锋志》为蓝本。编排大致按时间顺序分为家乡、厂矿、军营三个部分。为了便于读者更加清晰地了解雷锋成长的脉络，还在每个部分前撰写了引言，同时增加了雷锋各个时期的部分照片。

　　本书30名见证者由各大雷锋纪念馆和展览馆推荐，这些见证人所讲述的事实都是他们耳闻目睹、感同身受的，在雷锋日记和诗文中也有体现，同时配有见证人的人物小传和照片。

本书编委会

2018 年 2 月

目　录

第一部分

雷锋的三个时间场地之一

——家乡

　　1954年6月1日，品学兼优的雷锋在清水塘小学加入少先队。这一天，正是《中国少年先锋队队章》公布的日子

1955 年 5 月，荷叶坝小学四、五年级全体师生的合影（前排左六为雷锋）

1958 年 2 月，雷锋在望城县参加治沩工作部分同志合影

引言　筑梦望城

　　湖南望城——雷锋的故乡。雷锋从 1940 年 12 月 18 日出生，到 1958 年 11 月去鞍钢，在这里生活了 18 年。

　　雷锋在解放前历尽人间磨难，7 岁就成了孤儿。解放后，10 岁的雷锋终于跨进梦寐以求的学校。新旧社会两重天的鲜明对比，让他产生了对党和人民的感恩之情和积极投身新中国建设的满腔热情，高小毕业的他放弃了继续学习的机会，要把自己的所学报效祖国，在毕业典礼上他表达了自己想"当新式农民""做个好工人""做个好战士"的人生理想。

　　1956 年 11 月，16 岁的雷锋从当时的安庆乡政府被调往望城县委机关当公务员，主要工作是给当时的县委书记张兴玉收发文件公函，并经常和张书记一起下乡。张书记十分喜欢雷锋的积极上进，辅导他学习毛主席著作，教他向劳动模范冯健学习，并送给他一本吴运铎的《把一切献给党》。这段时期，雷锋迅速成长，1957 年 2 月 8 日，他光荣加入了共青团；并从此将他那像火一样的青春热情，挥洒到了当年望城建设最需要的各个战场。

　　1957 年秋冬，雷锋参加望城县治沩工程。这场有 18000 多名民工参加的战斗集中了当时望城所有的人力物力，雷锋每天冒着风雨冰雪行走在泥泞的大堤上传送文件通知，只要有空就参加工地劳动，修大堤，挖河泥，并拜师李湘枚学习最苦最重的活——打硪，唱着打硪歌："来来来，打石硪，八个人，要齐心，嗨呀嗬……"

　　看着连年洪水泛滥的沩水在劳动中改变模样，看着新修好的大堤将团山湖团团围住，那种改天换地的豪情在雷锋心中荡漾，这段青春飞扬的岁月，被雷锋写到了他的小说处女作《茵茵》中。

　　1958 年春，围垦团山湖的战斗打响，雷锋作为为购置拖拉机捐款最多的人，通过考试被选拔到团山湖国营农场学开拖拉机，实现了他"当新式农民"的第一个愿望。其后，他满怀自豪地写下散文《我学会开拖拉机了》，发表在当年 3 月 16 日的《望城报》上。

　　1958 年夏，团山湖国营农场遭受洪灾，新修的大堤被冲出一个缺口，洪水冲入垸内良田，有一部分年轻人垂头丧气。雷锋在重建家园的建设中，开始思索生命的意义，联系自己经常阅读的《钢铁是怎样炼成的》，6 月 7 日写下了"七问"这样一段话：

　　……如果你是一滴水，你是否滋润了一寸土地？如果你是一线阳光，你是否照亮了一份黑暗？如果你是一颗粮食，你是否哺育了有用的生命？ 如果你是一颗最小的螺丝钉，你是否永远坚守在你生活的岗位上？……

看着自己耕耘的这片土地日渐美丽，雷锋作为建设者充满了无限喜悦，这种豪迈之情化作美丽的诗篇：

> 南来的燕子啊！
>
> 新来的候鸟，
>
> 从北方飞到了南方，
>
> 轻盈地掠过团山湖的上空，
>
> 闪着惊异的眼光。
>
> ……

诗言志，文达心。追寻雷锋的足迹，品读雷锋的诗文，我们更加清晰地看到了青年雷锋的远大理想与抱负，看到了一个苦难孤儿在中国共产党的阳光沐浴下，迈开了乐观积极向上的矫健脚步。当他拿出微薄的工资去资助贫困户时，助人为乐的种子就已在开花；当他自喻为一颗螺丝钉时，他更加深刻地认识到了坚守岗位的意义；当他省吃俭用把所有积蓄捐给政府购买拖拉机时，他就知道了勤俭节约为国家建设发挥的作用……

为了探寻雷锋成长的足迹，我们选摘了这一时期雷锋的5篇日记和诗文，从中可见雷锋精神已在望城萌芽。

（湖南雷锋纪念馆）

在小学毕业典礼大会上的发言 ①

亲爱的老师、同学们：

我们小学毕业了。基本教育受完了，大家很高兴。感谢党、毛主席和老师。

我们今天毕业真高兴，大家比我更高兴，能升入高一级学校学更多知识，更好地建设祖国。

我响应党的号召，去当新式农民——做个好农民，驾起拖拉机耕耘祖国土地，将来要做个好工人建设祖国，将来要做个好战士，拿起枪用生命和鲜血保卫祖国，做人类英雄。

同学们，让我们在不同的岗位上竞赛吧！老师们，你看我的行动吧，我一定要做个英雄。

祝老师健康！

---

① 1956 年 7 月 15 日雷锋在荷叶坝小学毕业典礼大会上的发言。

茵　茵

严寒的冬天，地上落了深雪，河里结了厚冰，刺骨的冷风阵阵吹来，似乎不许人工作似的。

但那勤劳勇敢的18000多名钢铁战士，不怕千辛万苦地和冰雪战斗，人山人海，挑土筑堤。那挑战的喊声，加油的口号声，打夯的号子声，还有小学生们来慰问的鼓声，混合一起，响彻云霄。人们为了根治沩水，修筑长堤，忘记了寒冷和疲劳，甚至忘记了自己的生命。

茵茵就是这样的。提起这位年轻的女同志，人们都要感动得流下热泪。她是一个共产党员。她那结实的身体，勤劳的双手，还有那晒黑的脸儿，清秀的头发，活泼的眼睛，真使人敬慕。她穿着一件黄棉衣，脚上是草鞋。据说，黄棉衣是她哥哥从部队复员后送给她的，草鞋是她自己打的，打得很漂亮。

茵茵担任了治沩青年突击队的队长。那场暴雨之后，新堤突然决口了。茵茵领导青年突击队去完成堵口的任务。决口处有七八尺宽，水深过丈，流速很急，水上还漂着冰块，堵口任务十分艰巨。茵茵她们跳进冰冷的水里，打桩、投石、搭桥、挑土……水被堵在堤外，她们的衣服却都湿透了。回到工棚里，茵茵烧了一堆火，让大家围着取暖、烤衣服。茵茵忙前忙后的，没有顾得上烤火，只把衣服脱下来，搭在竹竿上想让风吹干。可是，第二天早起，她的衣服不仅没吹干，天冷反而结了冰，穿在身上还掉冰渣呢！茵茵不顾这些，穿上它又领着大家到堵口工地去战斗，终于完成了党交给青年突击队的任务。

茵茵今年只有 19 岁，既聪明又勇敢，什么困难都不怕，什么活都能干。

堵口任务完成后，又连下了三天雨，堤内堤外全是水，不能在湖内取土筑堤了。工地指挥部党委采取了措施：调来了 10 部抽水机，日夜不停地抽出湖内的积水。就在这时候，一个看管抽水机的同志病了，不能坚持工作了。怎么办呢？领导想到了茵茵，她是个初中毕业生，还学过内燃机，对机械原理和构造是熟悉的。于是，领导决定调她去管理一段抽水机，茵茵愉快地接受了这个光荣的任务。

茵茵高高兴兴来到抽水机站，一连工作几天都很顺利。一天夜晚，她看到工地上的电灯、煤气灯，以及用竹子做的火把，把新修的长堤照得通亮，民工们好像在夜花园里工作一样。灯光亮，民工干活就安全了，进度也快了。茵茵高兴得随着抽水机声唱起歌来。她歌唱劳动的愉快，歌唱幸福的生活，歌唱美好的将来。茵茵唱着唱着，抽水机突然出了毛病，一条胶管不喷水了。她冷静地想到：抽水机没停转，一定是水管出了毛病，如果把机器停下来，就会影响整个工地的工作。她决定下水修理，立即脱掉棉衣，奋不顾身地跳进冰冷的水中，把堵在水管里的石块掏出来，坚持干了半个多钟头，水管终于又喷水了。

上了岸，茵茵冻得直打哆嗦。她穿上棉衣坐在机器旁，实在是疲倦了，瞌睡了。迷迷糊糊的，她手一动，不料被转动的皮带夹住了！她猛一惊醒，手夹在皮带里抽不出来，疼得她变了脸色，高呼："救命！救命！"恰好这时有两个民工经过，听到呼救声，急忙跑进抽水机站，只见一位女同志倒在机器旁，一只手给皮带夹断了。皮带还在转动，茵茵的血染红了机器。两位民工不懂机械，不知拉断电闸，却手忙脚乱地用扁担打抽水机，想打停它救人。

茵茵挣扎着，痛苦地说："你们不要打机器，那是上万元钱买来的呀！"两个民工问："那可怎么办？"茵茵坚强地说："拉我！"

两个民工咬着牙，终于把茵茵还连着部分血肉的手臂拉了出来。这时，茵茵已经痛得失去了知觉。

同志们赶来了，把她送进了县医院。经医生十多天的细心治疗，她的手伤势慢慢好了一些。指挥部党委书记亲自去看她好几次，安慰她、鼓励她。同志们也都非常关心她、体贴她，给她送去鸡蛋、水果……

茵茵十分感激党和同志们对她的关怀和照顾。她忍着伤痛，在病床上给大家写了这样一封信："亲爱的同志们，每当你们来看望我、安慰我时，给了我多么大的力量啊！我感谢同志们的关怀，感谢党给予我的温暖和鼓励。为工作受了一点伤，这算不了什么。你们不要为我分心。筑堤围湖是为了人民的幸福，我为它负点伤是光荣的。现在我还没有牺牲，就是牺牲了也是光荣的。我还有一只手，我还能工作哩！还能为祖国的社会主义建设贡献一切力量。现在我在病床上坚持学习，我要努力做个又红又专的共产主义战士。等伤好了以后，再和你们见面，再和你们共同劳动。"

一个月后，茵茵治好了伤，回到了新建的农场工作。领导为了照顾她，让她回家休息两个月，可是，茵茵不肯休息，少了一只手不能干别的，她要求给农场饲养两头大黄牛。

她每天早起晚睡，精心饲养两头牛。一天傍黑，她牵着牛出去吃草回来，走到半路上，那头大黄牛突然停住脚步，随你怎么拉，它也不肯走。茵茵急了，眼看天要落雨，过路的人有的都脱下衣服盖在怕打湿的东西上。茵茵想：这只牛不也是怕雨淋着吗？于是她脱下自己的上衣披在黄牛背上。天黑了，一阵大雨落了下来。这时，农场的小王跑来接茵茵。小王看见茵茵浑身给雨水打得透湿，黄牛背上却披着茵茵新做的蓝花衣裳。小王被感动得流下了热泪，立即脱下自己的上衣给茵茵穿上了。茵茵微笑着，牵着两头大黄牛在雨中慢慢地走着。小王在后面赶着那头不肯迈大步的牛。

　　回到场里，那头在路上不肯走的牛原来病了，倒在牛栏里。茵茵非常着急，急得她晚饭都忘了吃。跑到畜牧站叫来了兽医，兽医诊断后留下一些草药，说是不要紧。那天晚上，茵茵就守在病牛身边，抚摸它，侍候它，喂药给它吃。两天以后，大黄牛好了，茵茵也高兴得跳起来，虽然她熬红了眼睛。

　　茵茵除了喂好两头牛，在春耕大忙季节，还同大家一起用一只手扯草、拾粪、插秧、种玉米……她真能干呀！她还用科学方法种了一块试验田呢！她有很大的决心和信心，争取粮食丰收。农场的人都非常喜欢茵茵，大家说：今年秋收后，我们要送茵茵去北京。

（一九五八年）

我学会开拖拉机了

（一九五八年三月十六日）

团山与杲山之间有一个大湖——团山湖。它纵横六七里，湖草丛生。人们形容这里土地肥沃，说是有五尺深的肥料。湖的周围去年围起了一道新的大堤，那弯弯曲曲的大曲河，再不能穿过湖中间了，只能顺着新堤往下游流。一个新的国营农场在荒洲上建起来了。还有"铁牛"在荒地上奔驰着。这里有三百多勤劳勇敢的农场工人在歌唱今天的幸福，歌唱劳动的愉快，歌唱美好的将来。

三月十日，是我永远不能忘记的日子。这天，我第一次学会了开拖拉机，心情是何等激动啊！

我七岁时父母双亡，变成了一个可怜的孤儿。那时，在国民党反动统治下，只得给地主放牛，吃不饱，穿不暖，经常挨打挨骂，过着牛马一样的生活。

自从来了人民的救星——共产党，把我从火坑中拯救出来，送我上学，给我吃的穿的，把我培养成为一个有一定知识、觉悟的青年，使我于一九五六年投入革命的怀抱（在县委会当通信员），并在一九五七年二月加入自己的光荣组织——青年团。

今年一月底，团县委号召建立望城第一个青少年拖拉机站，接着又看见农学院的拖拉机来支援团山湖犁田，我多么想当一名拖拉机手！我就把节约下来准备做被子的二十元钱，全部捐献了，只想拖拉机站马上建成就好。

这次，党批准我到农场来，我真是高兴极了。二月二十六日，我光荣地走上了劳动战线——到了团山湖农场，学习驾驶拖拉机。

当我第一次爬上拖拉机驾驶台学习的时候，我真高兴得要跳起来。我坐在驾驶员的身边，专心地看他怎样操作，怎样转弯，怎样发动柴油机……老陈一面驾驶，还一面告诉我操作方法和各部分名称，我一点一滴都记在脑子里，并写在日记上。这几天，我总是睡不着觉，起来就去学习，只想早一日学会，早日为祖国出一点力量。学习了一个星期，懂得了一些操作方法和基本知识，老陈就让我试验驾驶。他真的让出座位，站在一旁指点我。我一坐上驾驶台，心跳得很，生怕开不动，别人会讥笑；又怕没有力，转不动方向盘；还怕刹不住车，就更糟。我的心情既紧张，又快活，手脚不由自主地颤抖起来。老陈对我说："不要怕，要放勇敢些！"这时，我才把油门加大，把离合器向上一推，拖拉机嘎嘎地开动了。可是，拖拉机总不听我的指挥，走弯路。开了一会儿，我不怕了，心也跳得不那么厉害了，手脚也慢慢地不发抖了。这时，拖拉机也听我使唤了。在这个时候，我的心情又是多么喜悦呀！我回头望望，看到那可爱的肥沃土地，很快地被犁翻了，仿佛看见了一大片绿油油的可爱的庄稼。

今天，真有很大的收获，过得真有意义。下班以后，脑子里一个转又一个转地想着。吃饭的时候，还好像坐在拖拉机上似的，不停地摇晃着；拿起筷子，像握住拖拉机的操纵杆一样，随手拽动；两只脚像踏在"刹车"和"油门"上，自然地踏动着。我在想，今天这样幸福，不是党的培养，又是哪里来的呢？

我一定要以实际行动，来报答党对我的亲切关怀和照顾。一定努力钻研，勤学苦练，克服一切困难，忘我地工作，争取做望城县第一个优秀的拖拉机手。

南来的燕子啊!

南来的燕子啊!

新来的候鸟,

从北方飞到了南方,

轻盈地掠过团山湖的上空,

闪着惊异的眼光。

我听清了呢喃的燕语,

像在问:"为什么荒芜的团山湖,

今年改变了模样?"

南来的燕子啊!

让我告诉你吧:

团山湖这片未开垦的处女地,

是由于党的巨大的力量,

才围垦成一个新的农场;

是他们——农场的工人们,

用勤劳的双手,

给团山湖换上了新装。

南来的燕子啊！

也许母燕曾向你说过旧时的惨相。

往日的团山湖——

湖草丛生，满目荒凉，

洪水一到，一片汪洋，

十年前有人三次收款，三饱私囊，

围垦团山湖只是一个梦想。

如今的团山湖啊——

良田万顷，满垄金黄，

微风吹过一片稻香。

新修的长堤像铁壁铜墙，

洪水已再不能逞凶狂。

红旗插在社会主义的农场，

到处是谷满仓、鱼满舱，

祖国增添了一个"鱼米之乡"。

南来的燕子啊！

你可不用惊呆。

不是晴天里响起了春雷，

而是拖拉机在隆隆地开；

不是沟渠里的水能倒流，

而是抽水机在把积水排。

为什么草坪上格外喧腾？

那是饲养员在牧马放牛！

南来的燕子啊！

你是这样轻快地飞翔，

许是欣赏这美丽的景象：

蜿蜒的八曲河像一条白银管，

灌溉这片肥沃的土地，

团山湖与乌山对峙，

是天生成的一幅屏障。

这景象是诗情也是画意，

活跃在这诗画般怀抱里的工人，

更是些生龙活虎般的健将。

有的是双手拿惯了锄头，

有的是才放下笔杆才放下枪。

他们豪迈地这样说：

这是一所新的国营农场，

也是一座露天工厂，

还是一个培养红透专深人才的学堂。

南来的燕子啊！

你不用再寻旧时代的屋梁，

无论你飞到哪里，

再也找不着你从前住过的地方。

去年这里是荒凉的地方，

今年变成了高大的厂房，

欢迎你到新的农场宿舍来拜访。

但得请你告诉我，

你可知道你所飞过的地方，

新建了多少这样的农场？

一九五八年八月一日于团山湖农场

一九五八年六月七日

……如果你是一滴水，你是否滋润了一寸土地？如果你是一线阳光，你是否照亮了一分黑暗？如果你是一颗粮食，你是否哺育了有用的生命？如果你是一颗最小的螺丝钉，你是否永远坚守在你生活的岗位上？如果你要告诉我们什么思想，你是否在日夜宣扬那最美丽的理想？你既然活着，你又是否为未来的人类的生活付出你的劳动，使世界一天天变得更美丽？我想问你，为未来带来了什么？在生活的仓库里，我们不应该只是个无穷尽的支付者。①

---

① 此文是雷锋在湖南省望城县团山湖农场工作时，写在《治沩工程报》征稿稿纸上的一段文字。

他在小学毕业典礼上就说出了他的一生

谢迪安

谢迪安，1940年出生，湖南长沙人，是雷锋的小学同学。

1956年7月15日，是荷叶坝小学高小（小学六年级）学生毕业的日子。全班绝大部分学生都升学考取望城一中。

那时候雷锋叫雷正兴，政府资助他免费上学。毕业那天，雷锋穿上了只有节日才穿的那件白衬衣。毕业典礼上，雷锋举手站了起来，他给大家恭恭敬敬地行了个礼。他的个头比讲台高不了多少，他一点也不胆怯，也不怕别人笑话他。

"老师、同学们，我要说两句。"这就是大家看到的《在毕业典礼上的讲话》。

这是雷锋第一次在众人面前大胆讲话，是他在全体毕业生面前即兴的一段发言。此段讲话被记录在望城县荷叶坝小学夏柳教师笔记上，这段发言的复制本保存在望城雷锋纪念馆。

　　没人知道，那天他为什么会这样勇敢地走上讲台倾述自己的感受。

　　当然，我也不知道。但我想，那天他是怅然失落的，就像他说的："大家比我更高兴。"因为同学们将要走向更高学府。而他，那么爱读书又极度渴望读书的人只能在这天与他的同学们分别了，他是痛苦的。

　　但他又特别希望留给同学们一个快乐的离别记忆，于是他举手发言。

　　他微笑地祝福同龄人，同时立下人生目标的誓言。这段即兴发言，如同预言一样概括了他的一生，描述了他短暂一生的三段时间场地。

　　一个十六岁的孩子，在众人面前，按他的说话语速，一分钟内设想了三个职业，恰巧与他以后的三个高大伟岸的形象吻合。没有什么精心策划，只是在那个激动人心的火红年代雷锋的真情告白。

小说《茵茵》是雷锋火红激情岁月的见证

李湘枚

李湘枚，1933 年出生，湖南长沙人，雷锋参加治理沩水工程时的工友。

说到雷锋，我似乎又看见了他。

每天，这个雷家唯一的孩子，没白没黑地在团山湖农场驾着拖拉机，一天工作 10 多个小时，我没听见他说过累。雷锋和我一起担土，一起抢搬甘蔗种；一起坐着小火轮从洪水中归来；一起抓偷瓜贼等等。

这样的雷锋，我怎么会忘记他。

我看过雷锋的小说《茵茵》，小说写的是 1958 年望城县治沩工地。

在这段时间里，雷锋以最大的热情抒写着他隐藏在心底的幸福和快乐的感受。

他的文笔无疑也是激情四射的。在团山湖农场的时候我就知道雷锋爱好文学，喜欢写农场场面的报道，有的报道以诗歌形式表达。其中处女作小说《茵茵》，真实地反映了开垦团山湖农场过程的艰苦奋斗历程。《茵茵》小说所描述的生活、工作和场景，都是改造团山湖农场的真实反映。那个年代就是激情澎湃的红色年代。

那时的冬天，非常寒冷。地上积着深深的雪，河里结了厚冰，刺骨的冷风阵阵吹来。

但在那个激情燃烧的岁月，我们的热情是高涨的，精神生活是富有的。

我记得最清楚的一次是，因为大雨，团山湖的沩河堤上非常泥泞。雷锋穿双草鞋，在河堤上跑来跑去，传达着指令，虽然个子小，但速度比别人都快。雷锋乐于助人，处处显出他的热心肠，工作特别积极主动。

我会开拖拉机了

冯正其

冯正其，1933 年出生，湖南望城县原正县级顾问，1956 年在县委
工作期间，与雷锋有过接触。

那时，我和雷锋同时调到团山湖农场。

我比雷锋大七岁，虽然与雷锋的接触次数不是很多，但
印象很深刻。

1956 年深秋，阳光帅气个子不高的雷锋出现在我面前。

雷锋说"我叫雷正兴，是县委办公室新来的公务员。今
后你们的报纸和文件归我送。"雷锋做事情很热心，打开水

扫地都抢着干，煤油灯的灯罩擦得很干净。许多出乎意料的好事，不需要猜测，肯定是雷锋做的。

团山湖农场准备购买一台拖拉机，因资金不足号召大家捐款，雷锋一次就捐了20元，成为捐款最多的人。当时捐款是个人自愿，捐三分五分钱也可以。20元雷锋攒了一年，他一直想买床被子，他的被子还是几年前土改时分的旧被子，已经变得硬邦邦的，实在是太不暖和了。

经过集体研究，鉴于雷锋对购买拖拉机所作的贡献以及他一贯的良好表现，望城县委决定选派他去团山湖国营农场学开拖拉机。

雷锋成了望城县第一名拖拉机手。

雷锋欢喜雀跃，他怎么会不因此而忘我的奉献呢？

每天，他没白没黑地驾着拖拉机耕地，一天工作10多个小时，没听见他说过累，他似乎和拖拉机一样，变成了钢铁制造。

晚上，场长叫伙房加了两个菜，大家一起祝贺雷锋试车成功。雷锋别提有多高兴了，饭后雷锋请教工友如何写文章来记叙学会开拖拉机的事情，并连夜赶写出来，文章被选送到了县里的报纸《望城报》。

这是雷锋发表的第一篇文章《我会开拖拉机了》。

我又见到了可爱的弟弟

冯 健

冯健，1937年出生，湖南长沙人。三次受到毛主席等党和国家领导人的亲切接见，1956年与雷锋相识，从此姐弟相称。

那年我是望城县西塘高级农业社团总支书记。

第一次见到雷锋是在县委书记家里，他正教书记女儿系红领巾。雷锋个子不高，身材瘦小，穿着朴素整洁，年龄不过十五六岁。

书记说："这是新来的公务员小雷。"又指着我说："她就是你早就听说的冯姐。"雷锋说："冯健姐姐，你真了不起，见过毛主席。"

雷锋每次见到我都要问见毛主席的情景，一个细节也不想放过。比如：毛主席和你握手了吗？毛主席对你讲了什么话？甚至连毛主席穿什么样的衣服，写字走路的姿势都要问到。

那天我问到雷锋家里的情况，他说他是孤儿，没有家，现在县委就是他的家，并介绍了他的苦难童年。我对他说："你不要难过，如今是新社会，到处有亲人，我比你大几岁，今后我们就像姐姐和弟弟一样，你有什么需要我帮忙的事就找我。"雷锋听了很激动，含着眼泪叫了一声："姐姐。"那段时间，雷锋是快乐的。他的白衬衣领子经常翻到外套领子的外面，衣服口袋别着支钢笔。

1958年大跃进开始，望城县委在团山湖创办了农场，18岁的雷锋成了这里最早的一批职工。在美丽浪漫的团山湖，雷锋度过了他一生中最浪漫的时光。几个月的时间，在纵横六七里的团山湖湿地，雷锋和他的同事们就围垦出一个新的国营农场。

望城农民喜欢种紫云英肥田，每到阳春三月，红花盛开，如火如霞，雷锋到田野里采摘回来放在玻璃瓶里。

就是在这美丽的环境下，雷锋写下了这首《南来的燕子啊！》。

现在读起来仍然亲切，仿佛我可爱的弟弟又来到我跟前。

他有外在的美和内在的美

王佩玲

王佩玲，1937年出生，湖南长沙人，1958年春，在团山湖农场与雷锋结识，两人因书结缘成为好友。

我是望城县坪塘区供销社的营业员。有一天我看见一个小鬼拿着书就问："小鬼，在看什么书？借给我看看。"他笑嘻嘻的说："好，拿去吧。"我问了他的姓名，他说他叫雷正兴，就是后来的雷锋。雷锋的个子不高，额前有刘海，模样英俊，接触一段时间后，感觉他是个聪明有才智有远见的人，他不仅有俊朗的外表，还有聪明的头脑与丰富的内涵，雷锋非常喜欢读书，他有个藤条箱子，里面装的全是书，如《钢铁是怎样炼成的》《卓娅和舒拉的故事》《赵一曼》等等，这些书我几乎都借来过。

在这段时间里雷锋以最大的热情抒写着他感受到的幸福和快乐。他饱含深情写下了下面这段话。

如果你是一滴水，你是否滋润了一寸土地？如果你是一线阳光，你是否照亮了一分黑暗？如果你是一颗粮食，你是否哺育了有用的生命？如果你是一颗最小的螺丝钉，你是否永远坚守在你生活的岗位上？如果你要告诉我们什么思想，你是否在日夜宣扬那最美丽的理想？你既然活着，你又是否为未来的人类的生活付出你的劳动，使世界一天天变得更美丽？

1958 年，雷锋报名将去北方的鞍钢参加国家的工业建设。临行前，雷锋来和我告别。我送给他一个日记本，并拿起笔在日记本上一挥而就给他送去祝福。

亲如同胞的弟弟小雷：

你勇敢聪明，有智慧有前途有远见。思想明朗，看问题全面，天真活泼，令人可爱。有外在的美和内在的美，对任何同志都抱着极其信任的态度等等。这一切结合起来，真算得我心爱的弟弟、忠心的朋友。

弟弟，你值得人羡慕还多着呢，是青年中少有的，在建设社会主义中是（会作出）很大的贡献的。

弟弟，干劲和钻劲使你勇往直前，希望你在建设共产主义中把你的光和热发遍到全世界，让人们都知道你的名字，使人们都热爱你和敬佩你，弟弟，希望你实现做姐姐的理想。在临（别）之前要把我内心的千言万语说光是办不到的，我是不愿意与弟弟离开的。祖国需要你和等着你呢！弟弟，前进吧，你前途是伟大的，是光明的。姐因文化太低不能把我内心所想说的都描写出来，只好就此停笔。

　　祝你　愉快

你姐黄丽乱草

1958 年 11 月 9 日

之后我送他出门。一路上，我们相互安慰相互鼓励并相约再见面。望着大步离去的雷锋我泪水盈盈，心头泛起浓浓的哀伤。雷锋走了十几步，又回过头来向我挥了挥手，我怎么也没想到，这一挥手，却成了我们两人的永别。

第二部分

雷锋的三个时间场地之二

——厂矿

　　1958 年 11 月，雷锋被分配到鞍钢化工总厂洗煤车间，当了一名推土机手

1959 年 2 月，雷锋所在洗煤车间吊车组被评为红旗组

引言　熔炼青春

　　鞍钢——共和国钢铁工业长子，这里，不仅每年为国家生产大量优质的钢材，更是一个个英雄模范辈出的地方，新中国第一代全国著名劳动模范——孟泰，走在时间前面的人——王崇伦，中华民族的道德楷模——雷锋，当代雷锋——郭明义，一个个光辉的名字闪耀在这片土地上，鞍钢的大熔炉不仅冶炼出优质钢铁，更让这些英雄模范加钢淬火，享誉神州大地。

　　雷锋从小就有"做个好工人"的梦想；为了实现这个抱负，他不远千里奔赴鞍钢。在这里，他留下了激情澎湃的诗文壮志——

　　　　"汽笛，对着初升的朝阳，
　　　　情不自禁地高声歌唱，
　　　　迎接英姿焕发的工人走进工厂。
　　　　啊，钢铁的心脏——鞍钢，
　　　　为了祖国的工业化，

你永远不知疲倦地繁忙……"

正是在这片共和国的热土上，他用实际行动建设鞍钢，用日记诗歌赞美鞍钢，更用高尚精神感动鞍钢。从1958年11月12日至1960年1月8日，雷锋在工业战线上工作近14个月，共423天。先后在鞍钢化工总厂和鞍钢弓长岭铁矿焦化厂工作。他的领导及工友们见证了来自湖南的热血青年淬火成钢的全过程。鞍山、辽阳两座城市记载着他短暂而不平凡的业绩。

正是在这里，留下了他成长历程中坚实的足迹。大工业环境的洗礼，使雷锋从"一个抱着感恩思想埋头苦干的工人，思想和眼界变得更加开阔和远大。"在艰苦的焦化厂建设中，他发出了"青春啊，永远是美好的！可是真正的青春，只属于这些永远力争上游的人，永远忘我劳动的人，永远谦虚的人"的感悟，充满了浪漫的情怀和奋发向上的革命干劲。工人阶级大公无私的情怀和集体主义的意识，对雷锋精神的孕育和形成产生了重要影响。在鞍钢工作期间，雷锋实现了从普通青年向产业工人的转变，这里奠定了他坚实的思想基础。

这一时期，雷锋把老模范孟泰、王崇伦当作学习的榜样，刻苦学习驾驶推土机技术，帮助工友解决学习、生活问题，主动申请到艰苦岗位工作、雨中抢救水泥等等。这14个月时间里，雷锋的爱国主义精神、无私奉献精神、艰苦奋斗精神、钉子精神、螺丝钉精神成为鞍钢宝贵的精神财富，也为雷锋精神传遍华夏大地积淀着能量。

正如雷锋所说，"一滴水只有放进大海里才能永远不干，一个人只有当他把自己和集体事业融合一起的时候才能有力量。""不经风雨，长不成大树；不受百炼，难以成钢。……有理想、有出息的青年人必定是乐于吃苦的人"。"一花独秀不是春，百花齐放春满园。"

透过这些日记，探求雷锋在鞍钢工作、学习、生活的心路历程，通过雷锋工友娓娓道来自己的亲身经历，可以看出雷锋朴实的言行和高尚的境界。

在这片热土上，雷锋多次被评为节约能手、标兵、红旗手、先进生产者，荣获鞍山市青年社会主义建设积极分子、辽阳市除"四害"讲卫生先进工作者等荣誉称号。

在雷锋身上看到了共产主义战士的坚定信念，公而忘私的优秀品质，助人为乐的高尚情操和艰苦奋斗的工作作风；在雷锋身上看到了社会主义核心价值观的生动体现，成为激励几代中华儿女成长奋斗的精神之源；在雷锋身上看到他不断追求卓越的奋斗精神，这必将鼓舞广大青少年一代在中国特色社会主义新时代奋勇前行。

（辽宁鞍钢雷锋纪念馆）

雷锋日记

一九五九年春

煤里有土会影响炼焦质量，我们就设法把土挑出来，人有缺点也是一样，不设法挑出来，也会影响进步啊！

一九五九年 × 月 × 日

一九五八年入厂的时候，我只是一个抱着感恩的思想埋头苦干的工人，在生产上只能做到完成自己的任务和达到每天的定额。后来，在党的教育下，才使我的思想和眼界变得更加开阔和远大，才使我的干劲越来越高涨。

由于党的教育，我懂得了这个道理：一朵鲜花打扮不出美丽的春天，一个人先进总是单枪匹马，众人先进才能移山填海。

一九五九年 × 月 × 日

授奖大会上的发言：我这样一个孤苦伶仃的穷孩子，今天能够参加这样光荣的大会，心中感到十分光荣，万分感谢党对我的教育和培养。我的一切都是党给我的。光荣应该归功于培养教育我成长的党，应该归功于热情帮助我进步的同志们。

我懂得一朵花打扮不出春天来，只有百花齐放才能春色满园的道理。

一花独秀不是春，百花齐放春满园。

一九五九年八月二十六日

自从由鞍山转到弓长岭以来，自己就抱定决心：一定要很好地工作、学习，争取加入中国共产党。对各种学习任务都能认真完成；自学较好，每天早晨学习一小时，晚上总是要自学到深夜 10 至 11 点钟。早晨坚持做早操，没有违反过纪律，都能按规定去做。今后，我应当继续加强组织纪律性，向违法乱纪做斗争，严守纪律，听从指挥，做好机器检查和保养，保证安全，消灭事故。努力学习政治，开展思想斗争和批评与自我批评，加强团结，虚心学习。

一九五九年八月三十日

党和领导叫怎么做，就不折不扣地按党的指示去做。这样，就是有再大的困难，也有办法克服；再艰巨的任务，也能完成。相反，如果脱离了领导，不听党的话，光凭个人的心愿去做事情，是很难做好的，甚至要犯错误。有些同志思想进步慢，工作成绩差，是什么原因呢？我认为原因只有一个，就是自以为正确，不听党的话，不听群众的话，明明自己的看法不对，也不改正；明明领导和同志们的意见是正确的，也不诚恳地接受。这样，就会落后。

党的声音，就是人民的声音。

听党的话，就会开放出事业的花朵！

一九五九年 × 月 × 日

敬爱的师傅们：自从去年十一期间离开机关，踏入了伟大的工人阶级的队伍，我是感到非常荣幸的。由于工厂党委对我的亲切关怀和师傅的耐心指教，以及大家的帮助，我很快地学会了新的技术。这是党的光荣，也是师傅们的光荣，是我个人的荣幸。师傅们：我们一定要继续努力，克服困难，为完成党提出的任务而贡献出我们的一切力量。

今天我又感到十分惭愧，我入厂到现在没有为党做出多大的成绩。通过今天的大会，我明确了只有依靠伟大的党和广大群众，克服一切困难，积极热情地工作，才会做出成绩。现在我只有以实际行动，以出色的成绩来感谢党和师傅的亲切关怀和照顾。

在这里，我向党宣誓，向党保证：

一、保证听党的话，服从组织调配。

二、向先进学习，破除迷信，发扬敢想敢干的共产主义的高尚风格，向科学堡垒进攻。

三、保证勤学苦练，虚心向师傅们请教，求得对机械的彻底了解和运用。

四、保证百分之百出勤。

五、保证按时参加各种会议和学习，在近两年内达到能文能武的多面手。

六、不违反劳动纪律，踏踏实实地工作。

一九五九年 × 月 × 日

我们在建设焦化厂当中，住不好、吃不好和工作环境不好等，这些困难都是暂时的、局部的，可以克服的。只要我们有叫高山低头、河水让路的气概，是没有战胜不了的困难的。

一九五九年十月二十五日

青春啊，永远是美好的！可是真正的青春，只属于这些永远力争上游的人，永远忘我劳动的人，永远谦虚的人。

一九五九年十月 × 日

昨天我听到一位出席北京积极分子代表大会的同志的报告后，我的心呀，像压不住似的，像要往外蹦。他说，毛主席在北京接见了他们，毛主席的身体很健康，对我们青年一代无比的关怀和爱护……当时，我真高兴得在地上跳了起来。他见到了毛主席，我是多么敬佩和羡慕啊！我真想争取有一天也和他一样见到毛主席，那该多幸福啊！

昨天晚上，我在甜美的梦乡见到了毛主席。他老人家像慈父般地抚摸着我的头，微笑着对我说："好好学习，永远忠于党，忠于人民！"我高兴得说不出话来了，只是流着感激的热泪。早上醒来，我的枕头都湿了，眼眶里还含着热泪，我真像见到了毛主席一样，浑身是劲，总觉得这股劲，用也用不完。

我决心听党的话，听毛主席的话，永远忠于党，忠于毛主席，好好地学习，忘我地工作，学好本领，为党和人民的事业贡献自己的一切，直至最宝贵的生命，做一个毫无利己之心的人。我一定要争取实现自己最美好的愿望，真正见到最伟大的毛主席。

一九五九年十一月十四日

今天，我感到特别的高兴。一天紧张工作过后，一点儿也不觉得疲劳，我感到浑身是劲。夜晚，我还坐在车间调度室里，看一本学习毛泽东同志的思想方法和工作方法的书，真使我看得入了迷，越看越使我感到毛主席的英明和伟大。

突然下起雨来了。陈调度员说，我们建筑焦炉的工地上，还散放着 7200 袋水泥。陈调度员急得一时手足无措。这时，我猛然想到了党的教导，要我们爱护国家财产，又想到了我是一个共青团员。想到这些，一种无穷的力量鼓舞着我，跑到了工地抢盖水泥，我把自己的被子盖在水泥上、还脱下了衣服盖在水泥上。又跑到宿舍，发动了二十多个小伙子，组织了一个抢救水泥的突击队，有的忙着找雨布，有的忙着找芦席，盖的盖，抬的抬，经过一场紧张的战斗，避免了国家的财产受到重大的损失。这时，我才松了一口气。抹掉了头上的汗，带着乐观的心情，昂首阔步回到了宿舍，回忆自己为国家、为党做的一点点工作而高兴。

一九五九年十一月二十六日

中午十二点，我刚从车间开完会回到宿舍，一进门就被大家围住了，好像是久别的亲人今天突然相见似的。小王拿着一张报纸跑到我跟前说："雷锋同志，你看，你上次在雨夜抢救水泥，登了共青团员报了！"当时，我也和大家同样感到高兴。这对我和大家来说，是一个多大的鼓舞啊！我这么一点点贡献，比起党对我的要求和希望还是做得很不够的，但是我有决心忘我地劳动，赤胆忠心，不骄不傲地乘胜前进，多为党做一些工作，这就是我感到最光荣的。

一九五九年十二月四日

昨天，当我听到车间总支李书记关于 1959 年征兵的报告后，我激动得一时一刻都没有平静。深夜了，我怎么也睡不着觉，便从床上爬起来，跑到了车间办公室，叫醒了已熟睡的李书记。我问他："我能不能入伍呀？"李书记笑着回答说："能呀！像你这样身强力壮的小伙子，参加人民解放军是顶呱呱的哩（呢）！"他又从头到脚仔细地看了我一下说："哎呀，小雷怎么没穿棉衣呀！下这么大的雪，不冷吗？"这时我才觉得穿一身衬衣有点寒冷。李书记把棉衣披在我的身上，回到了宿舍，我还是不想睡觉，坐在条桌旁写我的入伍申请书和决心书。

今天一清早，我就到车间报了名。现在我的愿望就要实现了，我怎么能够不高兴呢！只要组织上批准我入伍，我一定要把自己最可爱的青春献给我们的祖国，做一个真正的共产主义革命战士……

一九五九年十二月八日

一个革命者，当他一进入革命行列的时候，首先要确立坚定不移的革命人生观。树立这样的人生观，就必须注意培养自己的思想道德品质，处处为党的利益、为人民的利益着想，具有大公无私、舍己为人的品格，能够为党的利益、为集体利益不惜牺牲自己的利益，否则就是个人主义者……

一九五九年十二月二十日

一个人出生在世界上以后，除了早夭的以外，总要活上几十年。每个人从出生一直到停止呼吸的几十年的生活，就构成各人自己的历史。至于各人自己的历史画面上所涂的颜色是白的灰的粉红的或者鲜红的，虽然客观因素起一定作用，但主观因素起决定性的作用。每个人每时每刻都在写自己的历史，每个共产党员和共青团员都应该好好地想一想。怎样来写自己的历史，每个共产党员和共青团员时时刻刻都要以马克思主义列宁主义毛泽东思想来作你自己的思想行动的指导，真正做到言行一致。我要永远保持自己历史鲜红的颜色。

他总是笑眯眯的

易秀珍

易秀珍，1941年出生，雷锋同乡、工友、好朋友。他们同乘火车从湖南到鞍钢，雷锋给予她多方面的帮助，建立真挚深厚友情。

一天晚饭后，我来到雷锋住的土房里，想帮他洗衣服。看见他坐在通铺上正埋头写着什么。我悄悄凑近一看，原来他在写日记，他扭头看见我，赶忙合上了日记本。我说："不要对我保密了，净写些什么青春啊！美好的，我都看见了。"他冲我一笑，索性把日记塞到我手里："拿去看吧，管够看，我的日记对谁都不保密。"我坐在板铺炕边上，心里想：不管你保不保密，反正我要看看。我用心地、仔细地看了一遍。这本到工地以后开始写的日记。每篇都很简短，记录了这段生活、劳动的一些情况，也抒发了许多感想。他的日记每篇都写得很简短，很少叙事记人，多为抒怀言志。

"一花独放不是春，百花齐放春满园。

一个人先进总是单枪匹马，众人先进才能移山填海。

青春啊永远是美好的，可是真正的青春，只属于这些永远力争上游的人，永远忘我劳动的人，永远谦虚的人。"

我很希望他的日记里能有我，可是翻了个遍也没找到一个字的我。

我有些怅惘，但细想想我不该有此想法。于是，我把日记还给他，他开玩笑地说："看出什么秘密啦?"我说："你这个人是透明的，一眼就能看透，能有什么秘密。"

我要帮他洗衣服，说什么他也不让我洗。雷锋总是乐呵呵地面对一切，在任何困难面前从不说一声苦，也不皱一下眉。正像他自己说的那样：人，能够克服困难才能生存。领导分配我担任统计员，每天负责统计各个班组的施工进度，所以我对雷锋的劳动情况也了如指掌。雷锋给我写了一段话，他是这样说的：

"小易同志，生长在毛泽东时代的我们，生活是何等的幸福，前途是何等的广阔。希望你努力地去追求它，向往它。"

　　雷锋在我心中总是笑眯眯的，在我心中，他是那么阳光、英俊、帅气。作为他的老乡工友好朋友，我为他骄傲为他自豪！雷锋就是这样的人：你渴了，他就是一滴水；你饿了，他就是一粒粮；你心里暗了，冷了，他就是一团火，一线阳光。他那永存的魅力，让人永远地思念。我年年清明前夕去给他扫墓。这已经成为我每年必做的事。他是孤儿，没有亲人为他扫墓，我就当是给哥哥扫墓吧。我站在他的墓前。似乎总会听见他在说："易秀珍啊。"这是他特有的称呼我的方式："易秀珍啊。"我会迅速回应："哎，是我。是我啊。"我给他买花，因为他喜欢花，我给他行三个礼，我说："我来看你了。"

我是来鞍钢做贡献的

闫广泉

闫广泉，1933年出生，雷锋生前所在鞍钢化工总厂
洗煤车间北工段甲班吊车班组组长。

雷锋在1959年10月25日写的那篇日记始终激励着我干好革命工作。

1958年11月，我在鞍钢化工总厂洗煤车间北工段甲班吊车组任组长兼党支部书记。雷锋从湖南来鞍钢化工总厂工作时，被分配到洗煤车间北工段甲班吊车组学习开推土机。当时推土机有两种，一种是小号的，一种是大号的斯大林80号。我们根据他个子小的特点让他开小号的。雷锋说："我是来鞍钢做贡献的，我一定挑重担，开大推土机！"工友们都说，开大的比较笨重，也比较累，但煤推得多。他却说："开大车能多干活儿，累我情愿！傻吗?! 我要做一个有利于人民、有利于国家的人。如果说这是傻子，那我就甘心愿意做这样的傻子。革命需要这

样的傻子，建设也需要这样的傻子。"事实也正是这样。洗煤车间的煤场是黄土垫的，推土机推煤不免带进黄土。他怕影响焦炭质量，就用手把带进煤的黄土挑出去。带进黄土少时，他不怕黄土把帽子弄脏，就把拾起的黄土放进帽子里；黄土多时，他就把衣服脱下来，用衣服装黄土，再把黄土一起扔掉。后来，其他的同志也学会了。此时就会更加理解他在日记中写的"一滴水"的力量。20 世纪 50 年代，老工人文化少，厂里就办扫盲学习班。雷锋看到老师少，主动请缨，要求当学习班的老师。他的湖南口音大家听不懂，他就备好课后到庄稼地里把庄稼当学员，去练东北话。最后，他讲授的课程得到老工人的交口称赞！

雷锋说不学习心里没底

闫志生

闫志生，1927 年出生，雷锋生前所在鞍钢化工总厂师傅。

1959 年春，雷锋写了一篇从煤中挑土引申到挑出人的缺点的日记，始终印在我的脑海里。

五十多年来，这质朴而充满哲理的语言激励我走过了大半个人生。1959 年因工作需要，雷锋的第一任师傅李长义调走了，我和雷锋续签了师徒合同，成了雷锋的第二位师傅。

雷锋个子不高，也就一米五多，长得挺好看挺白净的，一说话两个酒窝，活泼热情。他每天早早就赶到工作岗位，把推土机擦得干干净净的。我和雷锋两人开一台推土机。他个子小，坐着开推土机看不见推土机铲子，站着开又顶脑袋，就猫着腰开，挺吃力的。

操作推土机看起来很简单，实际上操作起来，还是有难度的。如果推煤推深了，就会把泥推进煤里，如不及时拣出来，就会影响炼焦的质量。雷锋在开推土机时总是认真查看，发现煤里有泥土，就下车拣出来。

雷锋特别爱学习，经常到鞍钢俱乐部看书学习。天天拿着毛主席著作，有空就学。只要一有空闲时间，他就一头钻进书堆里。别人问他："雷锋，你怎么总是看书？"他说："不学习不行，心里没底。只有学习，才心明眼亮干劲足啊！"他还到化工扫盲班教课，天天早早到，教得还挺好。我也参加了扫盲班的学习。

今天的孩子们如能读到这段，我希望你们同可爱的雷锋产生共鸣。做真实善良的人，成为更加出色的新一代。

他是我家的传家宝

孔兆存

孔兆存，1914年出生，雷锋生前在鞍钢工作时的工段值班主任。

雷锋在1959年11月20日的日记中写到"我在鞍钢开推土机时，车间主任给了我一个任务，要我带三个学员"。那时我在工段当值班主任。今天重读这篇日记让我非常激动，也特别想念雷锋。

记得雷锋到鞍钢化工总厂的第一天就是我接待的，也是从我身边离开去弓长岭的，又从弓长岭出发去当了兵。最后成长为伟大的共产主义战士。

1959年，全国各地青年到鞍钢学习技术。上级指派雷锋完成带学员的任务，他没向组织上提任何条件，欣然接受，并出色地完成了任务。

当时雷锋还是个刚入厂不久的年轻人。上级让他带徒弟，他自己本身就是个学员，难免会有些担心，怕教不好。可是当雷锋接到任务后，变压力为动力。他组织新学员互相研究，共同学习，工作中还没有架子，耐心地给学员讲解机械构造等，讲得很细致，毫无保留。遇到自己不懂的问题，雷锋就主动向老师傅请教。只用了 4 个月，就带出了周玉凤等三名新学员。更让我敬佩的是当组织上把带徒弟的 36 元钱发给他时，他不但没要，反而说，自己有工资，自己的技术也是党培养的，教给其他同志也是应尽的义务。

那个年代，工人们文化水平低，有的甚至不识字可称为文盲。当年厂里举办扫盲学习班，雷锋见到缺少老师，就主动报名，申请担任了扫盲班的老师，我也成了他的学生。扫盲后，自己也能看报学习了。一大批工人师傅都摘掉了文盲的帽子。

如今，我已经 103 岁了，四世同堂。孩子们都成人成才，七个子女大都是军人。孙辈也都是军人，孩子们都是听我讲雷锋故事长大的。雷锋是我家的传家宝呀！

他总是出现在我梦里

张建文

张建文，1941 年出生，雷锋同乡、工友、好朋友。

那时我叫张希文。雷锋叫雷正兴。

鞍钢要招收工人了，当时正在开垦团山湖农场的雷锋和我立刻去报名。

我们两人在报名的路上边走边聊，雷正兴说："我想改个名字叫雷峰。"

雷正兴这个名字是小时候叔公帮他起的，是家道兴旺的意思。雷锋说他连家都没有，还说什么兴旺。现在想去鞍钢当工人，所以改名叫雷峰。他对我说："只有站在山上，才能看得更远，我要改名为雷峰"。

我觉得不错，寻思着也把自己名字改一改。

我只读了 3 个月书，文化程度低，就请雷锋帮忙，雷锋提议改名张建文，意为建设社会主义需要文化。我们两人在各自的报名表上分别写上了雷峰和张建文两个新名字。后来由峰字改为锋是在鞍钢。当他想报名参军时，说要保卫祖国，冲锋陷阵，应改为锋字。在雷锋的日记里，就曾有过雷峰的签名。

写日记和随手用笔记事情是雷锋的日常习惯。我经常和他在一起，所以经常看到他用笔在本上写。

1958 年在鞍山钢铁厂参加社会主义建设的时候，雷锋被分配在鞍钢化工总厂洗煤车间当推土机手。他爱岗敬业，勤学苦练。下班之后，他就会利用闲暇时间，拿出一个本本写东西，雷锋握笔的姿势很特别，不是现在的正常握笔姿势，握笔时笔向右倾斜角度较大。雷锋对我说，他要克服一切困难勤学苦练，早日学会技术。还说保证维护好机械，做到勤检查，勤注油；保证全年安全生产，不出机械故障和人身事故。他就是凭着冲天的革命干劲，以不怕苦、不怕累的精神，苦干、实干加巧干，超额完成生产任务。而这些，都体现在他的日记里。

雷锋一直在学习在成长。正因为他的成长，以及对我的无私帮助，对我的触动很大，影响了我的一生。即使他去世了这么多年，也还会出现在我梦里。

是的，我永远不会忘记他。

他是个大公无私的人

彭佑生

彭佑生，1940 年 10 月出生，雷锋同乡工友。

我和雷锋住在一个宿舍。一天晚上，11 点多，雷锋正在调度室学习毛主席著作，他听到从矿里开会回来的王师傅说，气象台预报今晚有大雨。这时，天空乌云密布、电闪雷鸣，果然下起雨来了。调度说："哎呀！我们建筑焦炉工地上，还放着 7200 袋水泥呢！"陈调度员急得一时手足无措。

在这紧急关头，雷锋急忙跑回宿舍，又找盖水泥的东西，又喊人。他发动了 20 几个小伙子，组织了一支突击队，大家开始抢救水泥。先找来了一块大雨布，又找来了篷布、芦席，盖的盖，抬的抬。这时雨越下越大，只有先想办法把水泥盖好，才能使水泥少受损失。于是，雷锋先是脱下衣服，又跑回屋里将自己的被子抱出来盖在水泥上，经过大家共同努力，很快把水泥盖好，使国家财产免遭大的损失。

通过这件事，使我们深切感受到雷锋在关键时刻，对党的事业的忠诚，看出他的高尚品质和"舍己为公、爱厂如家"的奉献精神。此事在厂里产生了很大影响。

雷锋在 1959 年 11 月 14 日的日记中写道："这时，我才松了一口气，抹掉了头上的汗，带着乐观的心情，昂首阔步回到了宿舍，回忆自己为国家、为党做的一点点工作而高兴。"

弓长岭矿党委主办的《弓长岭报》与共青团辽宁省委主办的《共青团员报》，分别于 1959 年 11 月 10 日、1959 年 11 月 20 日，报道了雷锋抢救水泥的事迹。

第三部分

雷锋的三个时间场地之三

——军营

1960 年 1 月 8 日，雷锋光荣入伍

雷锋在车中学习《毛泽东选集》

引言　精神丰碑

对于一个人的生命而言，22年，太短，短得来不及品味绵长丰富的人生况味；但对于生命价值而言，雷锋却在这短暂的人生历程中给社会和人类留下了宝贵的精神财富。

20世纪五六十年代的中国一穷二白，人民的温饱问题还没有解决，一切百废待兴。在这样的社会环境下，雷锋放弃了工资比较高的推土机驾驶员的工作，响应国家号召报名参军，保家卫国，当时的军营非常艰苦。在部队期间，雷锋被沈阳军区工程兵十团树为"节约标兵"，被沈阳军区授予"模范共青团员"、评为"五好战士"，当选为抚顺市第四届人大代表、工程兵团代会代表、沈阳军区首届团代会特邀代表，被共青团抚顺市委授予"少先队优秀辅导员"，荣立二等功一次，三等功二次。

军营，是雷锋实现人生价值的一段重要历程，也是雷锋精神形成的关键阶段。从他的事迹和日记中，我们可以追寻到他在部队思想升华的过程。2年多的时间，他写下了130多篇日记，日记字里行间表达了他成为一名解放军战士的喜悦心情，展现了他爱祖国、爱社会主义的坚定信念，抒发了他爱党、爱人民的伟大情怀。

雷锋出生在湖南，家乡的师长、领导和当时的典型模范的教育和影响在他的成长中起到了很大的作用，奠定了良好的思想基础。如果说，雷锋来到鞍钢成为一名工人，开阔了视野，形成了正确的人生观和价值观；那么，雷锋在解放军这座革命熔炉里终于百炼成钢。人民军队是雷锋成长为伟大的共产主义战士的熔炉和沃土。

在部队期间，雷锋努力学习毛泽东著作和政治理论，从科学理论中汲取养分。他崇尚英雄学习英雄，时刻把个人理想同党的事业、国家需要和人民利益结合起来。在日记中写道："当祖国和人民处在最危急的关头，我就挺身而出，不怕牺牲。""我觉得要使自己活着，就是为了使别人过得更美好。""人的生命是有限的，可是，为人民服务是无限的，我要把有限的生命，投入到无限的为人民服务之中去……"军营时期的雷锋对人生的思考与感悟，话语依然是那么淳朴，但是已经上升到了哲学高度，思维充满了辩证法。在日记中他充满深情地记述了给战友送饭，为战友洗被单，掏厕所等一件件生动感人的故事。

从日记中，我们可以体会到，雷锋在服务他人时，自身感受到的那种快乐和幸福。无论在哪个岗位工作，都是一颗永不生锈的螺丝钉。雷锋以这样突出的敬业精神，立足本职，兢兢业业，忠于职守，精益求精。

　　一个人的崇高源自他的信仰。雷锋始终保持积极向上的人生态度、勇往直前的奋进意志，在学习中永不停步，永不满足；在工作中追求完美，永不懈怠。他在日记中写道："钉子有两个好处：一个是挤劲，一个是钻劲，我们在学习上，也要提倡这种'钉子精神'，善于挤和钻。"在人生岁月中，他以富于创新的精神和富于创造的劳动，升华了自己的人生境界，实现了自己的理想追求。这种精神对于我们今天实现国家富强、民族复兴、人民幸福的中国梦具有重要的意义。

　　雷锋，以22岁的短暂青春，绽放出人生最绚丽的花朵；雷锋，以永远灿烂的笑容，温暖着一代又一代人的心灵！他用一篇篇日记诠释着自己的崇高追求，他带给这个世界的不仅是阳光般的温暖，还有他向善向上的不竭动力。

　　愿雷锋精神像丰碑高高矗立，像春雨滋润心田！

（雷锋纪念馆　抚顺市雷锋纪念馆）

雷锋日记

一九六〇年一月八日

这天是我永远不能忘记的日子，这天是我最大的荣幸和光荣的日子。我走上了新的战斗岗位，穿上了黄军服，光荣地参加了中国人民解放军。我好几年来的愿望在今天已实现了，真感到万分的高兴和喜悦，这是我一生最大的幸福。

在党的正确领导下，在革命的大家庭里，我一定要好好地锻炼自己，在入伍的这一天，我提出如下保证：

一、听党的话，服从命令听指挥，党指向哪里，我就冲向哪里。

二、加强政治学习，多看报纸和政治书籍，按时参加部队各种会议和学习，积极宣传党的政策，密切靠近组织，及时向组织反映各种情况，不断提高自己的政治思想觉悟。

三、尊敬领导，团结同志，互帮互爱互学习。

四、严格遵守部队一切纪律，做到虚心向老战士学习，刻苦钻研，加强军事学习，随时准备打击敌人。

五、克服一切困难，发扬长辈优良的革命传统。我要坚决做到头可断，血可流，在敌人面前决不屈服、投降。我一定要向董存瑞①、黄继光②、安业民③等英雄们学习。

六、我要努力学习政治、军事、文化，我要好好地锻炼身体，我一定要在部队争取立功当英雄，我一定要做一个毛泽东时代的好战士，我要把我可爱的青春献给祖国最壮丽的事业。

以上六条是我努力的方向和我的奋斗目标。今天我太高兴我太激动，千言万语一下要写完是办不到的，因此写到这里告一段落。

※　　　　　※　　　　　※

我渴望已久的参加中国人民解放军的理想实现了，怎么叫我不高兴呢！我恨不得把我的心掏出来献给党才好。晚上我怎么也睡不着，我的心就像大海的浪涛一样，好久不能平静。

我，一个在旧社会受苦受罪的穷苦孤儿，居然成为一个

---

① 董存瑞（1929—1948），中国人民解放军战斗英雄。河北怀来人。1945年7月参加八路军，1947年3月加入中国共产党。1948年5月25日，在解放隆化县的战斗中舍身炸碉堡，英勇牺牲。被追授"战斗英雄""模范共产党员"称号。

② 黄继光（1931—1952），中国人民志愿军特级战斗英雄。四川省中江人。1951年3月参加中国人民志愿军。1952年10月，在上甘岭战役中用胸膛堵住敌人地堡中正在射击的机枪，英勇捐躯。被追认为中国共产党党员，并追记特等功、追授"特级英雄"称号。

③ 安业民（1938—1958），中国人民解放军海军战斗英雄。辽宁开原人，满族。1957年3月入伍。1958年8月23日，在福建前线与占据金门岛的国民党军炮战中英勇负伤后坚持战斗，因伤势过重，医治无效，于9月9日牺牲。被追认为中国共产党党员，并追记一等功。

国防军战士，得到党和首长的信任，受到战友们的热爱，我真不知说什么好！……

在这个革命的大家庭里，首长胜过父母，战友亲过兄弟，这一切，只有在党的领导下的人民军队里才能得到。……

我一定不辜负党对我的教育和期望，我决心保持和发扬弓长岭矿全体职工的光荣，军政学习争优秀，全心全意保卫国防，成为一个优秀的国防战士。

一九六〇年 × 月 × 日

"唱支山歌给党听，

我把党来比母亲，

母亲只生我的身，

党的光辉照我心；

旧社会鞭子抽我身，

母亲只会泪淋淋，

共产党号召我闹革命，

夺过鞭子揍敌人。"①

---

① 这是雷锋从陕西省《诗传单》1958 年第 8 期上摘抄的一段诗歌，原作者姚筱舟。摘抄时，雷锋作了 3 处改动。

一九六〇年一月十二日

　　今天，我看了一篇文章，那上面讲了许多向困难做斗争的道理。文章说："斗争最艰苦的时候，也就是胜利即将来到的时候，可也是最容易动摇的时候。因此，对每个人来说，这是个考验的关口。经得起考验，顺利地通过这一关，那就成了光荣的革命战士；经不起考验，通不过这一关，那就要成为可耻的逃兵。是光荣的战士，还是可耻的逃兵，那就要看你在困难面前有没有坚定不移的信念了。"

　　文章还说："困难里包含着胜利，失败里孕育着成功，革命战士之所以伟大，就是他们能透过困难看到胜利，透过失败看到成功，因此他们即使遇到天大的困难，也不会畏怯逃避，碰到严重的失败，也不至气馁灰心，而永远是干劲十足，勇往直前，终于成为时代的闯将。"

一九六〇年一月十八日

雷锋同志：

　　愿你做暴风雨中的松柏，

　　不愿你做温室中的弱苗。

（自己题）

一九六〇年 × 月 × 日

小青年实现了美丽的理想，

第一次穿上庄严的军装，

急着对照镜子，心窝里飞出了金凤凰。

党分配他驾驶汽车，

每日就聚精会神坚守在车旁，

将机器擦得像闪光的明镜，

爱护它像爱护自己的眼睛一样。

一九六〇年 × 月 × 日

我出身于贫苦家庭，在旧社会过着缺衣少吃的苦日子，那种被奴役、被欺凌的仇恨，我永远铭记在心。

一九六〇年 × 月 × 日

可以说在我的周身的每一个细胞里，都渗透了党的血液。今后，我一定要更好地听从党的教导，党叫我干什么，我就干什么，决不讲价钱。我还要加强思想锻炼，认真学习党的文件和方针政策，并以实际行动大力支持。努力学习政治理论，认真深入读毛主席著作，一定要把毛主席思想学到手，并在一切实际行动中运用。做到经常看报，并积极向群众宣传党的方针政策。抓紧点滴时间学习文化，在今明两年语文达到高中水平。尊重领导，团结同志，见先进就学。

一九六〇年二月八日

我出生在一个很贫穷的农民家庭，在旧社会里受尽了折磨和痛苦。参军以后，我在党的培养教育下，深深懂得了社会主义的今天是由无数革命先烈和战友的艰苦奋斗、英勇牺牲得来的。从我参加革命那天起，就时刻准备着为了党和阶级的最高利益牺牲个人的一切，直至最宝贵的生命。

一九六〇年二月十五日

敬爱的毛主席，我看到您写的《纪念白求恩①》这篇文

---

①　白求恩（1890—1939年），国际主义战士，胸外科医师。加拿大安大略省格雷文赫斯特镇人。1935年11月加入加拿大共产党。1938年3月，率医疗队来华支援中国人民抗日战争，担任晋察冀军区卫生顾问。1939年10月，在抢救伤员时受感染，后伤势恶化转为败血症，于11月12日逝世。

章，深受教育，被感动得流下了热泪。

过去有人讽刺我说："你积极有什么用，那么点的小个子，给你150斤重的担子，你就担不起来。"我听了这话，还埋怨自己为啥长这么点小个子呢！

可是，您老人家说："一个人能力有大小，但只要有这点精神，就是一个高尚的人，一个纯粹的人，一个有道德的人，一个脱离了低级趣味的人，一个有益于人民的人。"这话给我很大鼓舞。个子小，我也要尽我自己最大的力量，做到毫不利己，专门利人，向伟大的国际主义战士白求恩学习。

一九六〇年三月 × 日

我学习了毛主席著作以后，懂得了不少道理，脑子里一豁亮，越干越有劲，总觉得这股劲儿永远也使不完。

我为群众尽了一点自己应尽的义务，党却给了我极大的荣誉，去年被评为先进生产者，并出席了鞍山市青年建设积极分子大会。这完全是由于党的培养，是由于毛主席思想给了我无穷的力量，是由于广大群众支持的结果。我要永远地记住："一滴水只有放进大海里才能永远不干，一个人只有当他把自己和集体事业融合一起的时候才能最有力量。"

"力量从团结来，智慧从劳动来。

行动从思想来，荣誉从集体来。"

一九六〇年六月五日

要记住：

"在工作上，要向积极性最高的同志看齐；在生活上，要向水平最低的同志看齐。"

一九六〇年 × 月 × 日

要善于看到别人的长处，并要学习这些长处，对在许多方面都不如自己的人，也要向他学习。因为寸有所长、尺有所短，多向别人的长处看齐，对自己、对工作都会有帮助。

一九六〇年 × 月 × 日

"单丝不成线，独木不成林。一个人是办不了大事的，群众的事一定要发动群众、依靠群众来办。"

"一个篱笆三个桩，一个好汉三个帮。"因此我们一定要深入群众，依靠群众，虚心向群众学习，永远做群众的小学生。只有这样，才能做好工作，才能不断进步。

我深切地感到：当你和群众交上了知心朋友，受到群众的拥护，这样会给你带来无穷的力量，再大的困难也能克服，无论在什么艰苦的环境中，都会使你感到温暖和幸福。

一九六〇年八月二十日

望花区成立了一个人民公社，我把平时节约下来的 100 元钱，支援了他们；辽阳市遭受了洪水的灾害，我把省吃俭用积存的 100 元钱寄给了辽阳灾区人民。有人说我是"傻子"，是不对的，我要做一个有利于人民、有利于国家的人。如果说这是"傻子"，那我是甘心情愿做这样的"傻子"的。革命需要这样的"傻子"，建设也需要这样的"傻子"。我就是长着一个心眼，我一心向着党，向着社会主义，向着共产主义。

一九六〇年十月二十一日

今天吃过早饭，连首长给了我们一个任务：上山砍草搭菜窖。劳动到了十二点，大家拿着自己从连里带来的盒饭，到达了集合地点，去吃中午饭。当时，我发现王延堂同志坐在一旁看着大家吃，我走到他面前一看，他没有带饭来，于是我拿了自己的饭给他吃，我虽饿一点，让他吃饱，这是我最大的快乐。

对待同志要像春天般的温暖，

对待工作要像夏天一样的火热，

对待个人主义要像秋风扫落叶一样，

对待敌人要像严冬一样残酷无情。

一九六〇年十一月六日

昨天我向于助理员请好了假，去辽阳化工厂看我原来的厂领导和工人。今天早上从沈阳乘火车到了辽阳市。因没赶上火车，我到了辽阳市武装部，见到了余政委。他像父亲一样，左手握着我的手，右手抚摸着我的头，微笑着说："小雷锋，我昨天在日记本子里还看到了你以前给我的那张相片，我还想起了你，真想不到你今天来这里。"他带我到办公室，亲切地问我在部队的情况，我激动地向首长汇报了自己的工作和学习情况。余政委听了说："好，应当好好干，把自己的力量献给党的事业。"八点钟了，他送我到车站。下午七点钟，我乘火车到了安平，七点半钟就到了我原来的工厂——焦化厂。我走进党总支办公室，熊书记、李书记、吴厂长看见是我回来了，真是高兴。我也非常兴奋，好像见到了自己的亲人一样。他们真是热情的招待，给我倒茶，还给我做了饺子和鱼吃，把我安置在一间很温暖的房子里睡觉，还带我到厂内参观了现代化的机器生产。我见到了许多以前和我在一起工作的同志，感到高兴万分。他们有的还介绍了生产情况。我看到新建的焦炉都出焦了，想起自己为这焦炉的建筑贡献过一滴汗水，从心眼里感到十分骄傲和自豪。

一九六〇年 × 月 × 日

今天我生长在幸福的毛泽东时代，处处感到温暖，祖国到处都有我慈祥的母亲——伟大的中国共产党对我无微不至的关怀和教育。我这一点点贡献比起党对我的要求和期望还做得很不够。我决心听党的话，听首长的话，好好学习，忘我地工作，积极参加劳动，奋发图强，勤俭建设社会主义。熟练手中武器，学好现代化的军事技术，时刻准备着，当党需要我，我一定挺身而出，不怕牺牲和一切困难，永远忠于党，忠于人民。继承长辈优良的革命传统，为保卫社会主义建设，为保卫世界和平，我要把自己可爱的青春献给祖国最壮丽的事业，做一个真正的共产主义战士。

一九六〇年十一月八日

一九六〇年十一月八日，是我永远不能忘记的日子。今天，我光荣地加入了伟大的中国共产党，实现了自己最崇高的理想。

我激动的心啊！一时一刻都没有平静。伟大的党啊！英明的毛主席！有了您，才有了我的新生命。我在九死一生的火坑中挣扎和盼望光明的时刻，您把我拯救出来，给我吃的、穿的，还送我上学念书。我念完了高小，戴上了红领巾，加入了光荣的共青团，参加了祖国的工业建设，又走上了保卫祖国的战斗岗位。在您的不断培养和教育下，使我从一个孤苦伶仃的穷孩子，成长为一个有一定知识和觉悟的共产党员。

伟大的党啊，您是我慈祥的母亲！我所有的一切都是属于您的，我要永远听您的话，永做您忠实的儿子。今天我入了党，使我变得更加坚强，思想和眼界变得更加开阔和远大。我是一个共产党员，人民的勤务员，为了全人类的自由、解放、幸福，哪怕高山、大海、巨川；为了党和人民的事业，就是入火海，进刀山，我甘心情愿，头断骨粉，身红心赤，永远不变。

一九六〇年十一月十四日

今天早上，我和于助理员到达了安东 × × 部队，首长们对我亲切的关怀和照顾，我真感到革命大家庭的温暖和幸福。

上午九点四十分，首长要我给干部集训队作一次汇报。当我讲到旧社会的苦，痛苦的眼泪直掉。在座的首长和到会的同志们都十分同情我，有半数以上的人掉下了眼泪。会后，他们进行了讨论，人人表示决心，一定要紧握手中武器，将革命进行到底……

晚上七点钟，看了一场电影，影片中的主角聂耳①给我的印象最深。他是一个坚强的无产阶级的革命战士，是党的好儿子。他那种勇敢、坚强、机智、虚心、敢于斗争的精神，是值得我永远学习的。

---

① 聂耳（1912—1935 年），人民音乐家，中华人民共和国国歌《义勇军进行曲》的曲作者。云南玉溪人。1933 年加入中国共产党。他创作的《开路先锋》《大陆歌》《前进歌》《毕业歌》《铁蹄下的歌女》等歌曲，曾在全国广为传唱，对激发民众的抗日救亡热情起了积极作用。

一九六〇年十一月十五日

我们决不能好了疮疤忘了疼。

在今晚演出的评剧《血泪仇》里，看到了王东才、小贵芳他们遭到阶级敌人的迫害，甚至被强奸、逼死的惨景，不禁引起我无限心酸的回忆。我出生在一个很贫穷的农民家庭，我父亲靠给地主当佃户来维持一家半饱的生活，终年辛勤地劳动，到了大年初一，全家五口人有米不到半升，哥哥只好领着我出去"送财神"，讨点饭回来吃。

那时，我虽年纪小，对那些要命的野兽般的帝国主义和黑暗的社会是多么入骨的痛恨！那时我真想，要是有亲人来搭救我，我一定要拿起枪，粉碎那些狗豺狼，为爹妈报仇。

自从来了人民的大救星，伟大的中国共产党，把我从火坑中拯救出来。今天，在社会主义社会里，在革命的大家庭里，生活在伟大的毛泽东时代是多么幸福啊！对我说，这是特别深切感受到的。我们决不能"好了疮疤忘了疼"，应该"饮水思源"。想想过去，看看现在，我们都不能不以革命的名义来对待一切事业，更高地举起毛泽东思想红旗，发扬革命先烈们艰苦奋斗的精神和优良的传统，全心全意地投入社会主义建设事业，做出更多更好的成绩，才不辜负先烈们的期望，才不辜负党和伟大的领袖毛主席对我们的关怀和鼓舞！

一九六〇年十一月二十日

我在鞍钢开推土机时，车间主任给了我一个任务，要我带三个学员。我真十分惭愧，自己的技术不高，又怎能教好学员呢？可是，我想到这是党给我的任务，是人民对我的信任，我一定要坚决完成。在驾驶和学习机械构造原理时，我和他们互相研究，我不懂就去请教其他师傅，而后再告诉他们。由于这样，他们只用四个月就学会了开推土机。毕业后，工厂要给我 36 元带学员的师傅钱，我没要。我学的技术是党培养的，今天告诉别人是应该的。

一九六〇年十一月二十一日

今天下午一点半钟，我在沈阳工程兵部见到了上级首长。吕政委对我说："受了阶级的压迫，受了民族的压迫，你没有忘本，很好啊！在旧社会受阶级压迫，剥削……穷人没出路……你听了毛主席的话，做了很多工作，做得很对。今天我们革命，不能忘本，忘本就很糟糕。以前做得很好，今后要继续这样做。要读毛主席的书，听毛主席的话，忠实于党，忠实于人民，忠实于毛主席。做出成绩，什么时候都是应该的。我们革命者不能满足，要更加虚心，对领导要尊敬，对同志要团结，要努力做毛泽东时代的好战士，要做一个好的共产党员。"首长的教导，我深深地印在脑海里。

一九六〇年十一月二十七日

在今天的授奖大会上，军区工程兵党委授予我"模范共青团员"的光荣称号，我真感到十分惭愧。我为党做的工作太少了，仅仅尽了一点点本身应尽的义务，党和人民却给了我这么大的荣誉。……我是慈祥的母亲——中国共产党哺育大的，要是没有党和毛主席，就没有我的一切。今天我所取得的这一点点成绩，应归于不断培养教育我成长的党和毛主席，应归于热情帮助我进步的同志们。我决心继续努力，保持荣誉，发扬光大……

一九六〇年 × 月 × 日

一、学习毛主席的立场、观点、方法。

二、学习毛主席著作要分析当时历史背景。

（一）分析每篇文章对当时革命运动起了什么作用。

（二）主席为什么分析这个问题。

（三）主席在文章中提出几个什么观点？

（四）主席的方法论是什么？

（五）联系个人写心得体会。

一九六〇年 × 月 × 日

学习《论联合政府》第五节：

《全党团结起来，为实现党的任务而斗争》

这篇文章对我的启发教育极大，我要继续深入反复地学习。

学习毛主席看问题两点论的观点；

学习毛主席的实践观点；

学习毛主席的阶级斗争观点；

学习毛主席的群众观点；

学习毛主席批评与自我批评的观点；

学习毛主席谦虚谨慎的观点；

学习毛主席善于团结的观点；

学习毛主席全心全意为人民服务的观点；

我坚决永远学习毛主席的思想、观点和方法，永远做毛主席的好战士。

一九六〇年十二月 × 日

今年一月，我响应了祖国的征召，走进了中国人民解放军这个革命的大家庭里。这使我受到了从来没有享受过的温暖。首长一天到晚问寒问暖，在业余时间给我们讲战斗故事，鼓励我们好好学习，提高保卫祖国的本领。党和首长对我无微不至的关怀和教导，我真万分的感激，恨不得立刻把我的心掏出来献给伟大的党。我的心像大海里的浪涛一样，好久不能平静。

我，一个旧社会受尽阶级压迫和民族奴役之苦的孤儿，解放后，在党和毛主席的哺育和教导下，居然成长为一名解放军战士，光荣的共产党员，得到党和首长的信任，受到战友们的热爱，我真不知说什么好。

在这一年来的时间里，我无论在政治、军事、文化、技术上都有很大提高，例如：学到了很多军事知识。我才入伍时，不会投手榴弹，拿着假手榴弹还心惊肉跳，每次只能投十来米远。首长和战友们给我讲要领，排长还把着我的手教，使我投弹取得了优秀的成绩。

又如我过去是一个穷孩子，根本不懂得什么叫政治，可是，一年来，由于指导员和其他首长经常找我谈话，鼓励我加强政治学习，使我对问题的分析和认识都有了很大提高，学习和工作做出了一点点成绩，立了功，受了奖，并在今年十一月光荣地加入了伟大的中国共产党。这是党和首长培养教育的结果，也是同志们帮助的结果，可以说，在我周身的每一个细胞里，都渗透了党的关怀。

我要永远记住毛主席的教导，把已取得的一些成绩，当做万里长征的第一步，当做下一个革命的起点。我决心在新的一九六一年中，更深入、更持久地学下去。我深切地认识到，要想成长进步，要为党做更多的工作，就必须认真读毛主席的书。我一定要抓紧点滴时间进行学习，做到书不离身，有空就掏出来看一段，在明年读完《毛泽东选集》第四卷中的《抗日战争胜利后的时局和我们的方针》《关于重庆谈判》《关于目前国际形势的几点估计》《目前形势和我们的任务》《将革命进行到底》《论人民民主专政》《丢掉幻想，准备斗争》等重要文章，重读《毛泽东选集》一、二、三卷中的重要文章，坚决做到边学、边想、边改、边运用，定要使毛主席的光辉思想在我的脑海里扎根，在我的一切实际行动中开花结果。与此同时，我要牢记毛主席的教导："虚心使人进步，骄傲使人落后。"我们最敬爱的领袖毛主席就是我们永远学习的光辉榜样，他老人家是多么谦虚呀！愿作群众的小学生。我呢？只是沧海之一粟，更应该虚心向群众学习。我一定要紧紧依靠党，依靠群众，永远做群众的小学生，永远听党的话，忠于党的事业，做毛主席的好战士。

一九六○年十二月十八日

**看了毛主席《和美国记者安娜·路易斯·斯特朗①
的谈话》的感想**

　　我认真地读了这篇文章，越读越觉得心里明亮，一连看
了好几遍。毛主席所说的话，给了我无穷的力量，同时深深
地教导了我。

　　通过这篇文章的学习，我知道了帝国主义和一切反动派
都是纸老虎。看起来，反动派的样子是可怕的，但实际上并
没有什么了不起。从长远的观点看问题，真正强大的力量不
是属于反动派，而是属于人民。美帝国主义想拿原子弹来吓
倒我们，是决办不到的。历史证明了帝国主义和一切反动派
都是纸老虎。拿我们中国的革命来说，全国人民在共产党的
正确领导下，用小米加步枪，战胜了蒋介石的飞机加坦克，
并推翻了几百年来压在我国人民头上的三座大山②，解放了
全中国，建立了人民当家做主的新国家。但是美帝国主义不
甘心，想来夺取我们中国这块肥肉，因此在一九五○年发动

---

①　安娜·路易斯·斯特朗（1885—1970年），美国进步作家和记者。从
　　1925年起多次访华。1946年6月第五次到中国访问，8月毛泽东在
　　延安会见了她并发表谈话。1958年来中国定居。1962年后定期编写《中
　　国通讯》，向国外读者宣传中国建设的成就。
②　"三座大山"比喻帝国主义、封建主义和官僚资本主义。

了侵朝战争，妄想利用朝鲜作跳板进攻中国。由于中国人民志愿军和朝鲜人民军配合英勇的作战，把美帝国主义打的落花流水，不得不和我们进行停战谈判。这些历史就证明了帝国主义和一切反动派都是纸老虎，并不可怕。原因正是毛主席所说的"……就在于反动派代表反动，而我们代表进步"。在这东风压倒西风的大好形势下，我坚决听毛主席的话，跟毛主席走，将革命进行到底。

一九六〇年十二月二十七日

"为了阶级和民族的解放，为了党的事业的成功，我不怕饥饿，不怕寒冷，不怕危险，不怕困难、屈辱、痛苦，一切难以忍受的生活，我都能忍受下去！这些都不能丝毫动摇我的决心，相反的，是更加磨炼我的意志！我能舍弃一切，但是不能舍弃党，舍弃阶级，舍弃革命事业。"

永垂不朽的革命烈士——方志敏①同志是我永远学习的榜样，我出身在一个很贫穷的农民家庭，在旧社会受尽了折

---

① 方志敏（1899—1935年），赣东北红军和苏区创建人，中国工农红军高级指挥员，军事家。江西省弋阳人，1924年3月加入中国共产党。土地革命战争时期赣东北和闽浙赣革命根据地的创建人。1934年11月红军抗日先遣队北上，遭国民党围追堵截，1935年1月被俘，在狱中坚贞不屈，写下了《可爱的中国》《清贫》等著作。8月6日在南昌英勇就义。

磨和痛苦，在慈祥的母亲中国共产党的不断哺育和教导下，居然成为一名解放军战士，光荣的共产党员，我要时刻准备着为党和阶级的最高利益，牺牲个人的一切，直至生命。

一九六〇年十二月二十八日

毛主席说：任何工作"没有满腔的热忱，没有眼睛向下的决心，没有求知的渴望，没有放下臭架子，甘当小学生的精神，是一定不能做，也一定做不好的。"

我在党和毛主席的不断哺育和教导下，健康地成长起来。由于政治觉悟的不断提高，树立了为共产主义而奋斗的大志，在工作和学习中取得了一点点成绩，这应该归功于党，归功于帮助我的同志们。我一定永远牢记毛主席的教导，永远做群众的小学生。

一九六〇年 × 月 × 日

学习《整顿党的作风》

对于马克思主义的理论，要能够精通它、应用它，精通的目的全在于应用。

坚决听毛主席的话，努力学习马克思主义的理论，并做到理论联系实际，改造思想，做好各种工作。

一九六一年一月二十四日

看问题不仅要看现象，还要从现象中抓住本质。有人说南方的地主剥削农民轻些，农民受的苦浅些，北方的地主狠些，剥削农民重些，农民受的苦深一些，这都是不正确的。张三地主是活阎王，李四地主是笑面虎，这绝不能说张三地主不好，李四地主好些。天下的乌鸦一般黑。

一九六一年一月三十日

团首长要我从抚顺来到了驻营口部队参加"两忆三查"①的运动。昨天我在军人大会上忆了苦，到会的一千多名战友以及家属都很同情我过去受的阶级苦和民族苦，都掉下了辛酸的眼泪……

今天我找了一个战友谈心。我问他在旧社会受过苦没有？他低下头回答说："我爸被日本鬼子抓去当劳工，冬天

_____

① "两忆三查"：1960 年 10 月，全军部署开展"忆阶级苦，忆民族苦；查立场，查斗志，查工作"教育运动，简称"两忆三查"。

冻死了，三岁的小弟弟饿死了，妈带着我要饭，受尽了折磨和痛苦。"我又问他："在旧社会为什么穷人受苦、富人享福呢？"他说："穷人在旧社会命不好，富人的八字好，运气好。"我说："过去所谓的富人——地主、资产阶级，现在都垮了台，穷人都当了国家的主人。这难道说富人的八字就不好了吗？穷人的命就都好了吗？"

他两眼看着我，答不上来。他为什么回答不上来呢？主要是他还有迷信思想，没有掌握阶级分析的武器。必须从阶级根源上来找原因，来认识它。一件事物为什么这样，怎么会这样，它符合哪个阶级的利益，不符合哪个阶级的利益，这样一分析它的性质就清楚了，是非就明白了，就能正确对待它了。

一九六一年二月二日

在我们前进的道路上，不可能不遇到一些暂时的困难，这些困难的实质，"纸老虎"而已。

问题是我们见虎而逃呢，还是"遇虎而打"？

"哪儿有困难就到哪儿去"，——不但"遇虎而打"，而且进一步"找虎而打"，这是崇高的共产主义风格。

　　　　　*　　　　　　　*　　　　　　　*

今天我从营口乘火车到兄弟部队作报告（新旧社会对比

的报告），下车时，大北风刺骨地刮，地上盖着一层雪，显得很冷。我见到一位老太太没戴手套，两手捂着嘴，口里吹一点热气温手。我立即取下了自己的手套，送给了那位老太太。她老人家望着我，满眼含着热泪，半天说不出话来。一路上，我的手虽冻得像针扎一样，心中却有一种说不出的愉快。

一九六一年二月三日

今天我到达海城后，上午作了一场报告，下午我和郅顺义①老英雄见了面。老英雄抚摸着我的头，紧紧地握着我的手，亲切地问我多大年纪，什么时候入伍的？同时还给我倒了一杯茶。当时，我的心像抱着一只小兔子一样，怦怦直跳，有一肚子话可不知咋样说好。我听说老英雄是董存瑞的亲密战友，我的心像压不住似的要往外蹦，万分敬佩和羡慕地叫他给我讲董存瑞的英雄事迹。我听他说："董存瑞是六班的班长，我是七班的班长。在一九四八年五月二十五日打隆化县的时候，董存瑞在爆破组，我在突击组，我们的任务

---

① 郅顺义（1918—2005 年），中国人民解放军战斗英雄。河北丰宁人。1947 年 10 月入伍，1948 年入党。在解放河北隆化战斗中立大功一次。1950 年出席全国英模代表大会，被授予"全国特等战斗英雄"荣誉称号。

是要去炸掉敌人的四个碉堡和五个地堡。我们两个组牺牲了六个人，每组只剩下两个人了，董存瑞对我说，'就是剩一个人也要坚持战斗，不完成任务不回队！'在炸最后一个碉堡的时候，董存瑞用手举着炸药包，炸掉了敌人的碉堡，完成了战斗任务，我敬爱的革命战友董存瑞就这样英勇地为党的事业而光荣地牺牲了。"我听到老英雄讲完董存瑞的英雄事迹后，我的心像大海的浪涛一样，久久不能平静，我感动得满眼热泪直掉。

董存瑞英雄对敌人万分的愤恨，对党和人民无限的忠诚，在战争当中，英勇顽强，丝毫不畏缩，为人民的解放牺牲自己。董存瑞英雄是我永远学习的好榜样，我一定要为党和阶级的崇高事业，随时准备牺牲自己的一切，直至生命。

郅顺义老英雄是我永远学习的榜样，他在战斗当中，勇敢坚定，机动灵活。他俘虏敌人一百四十多人，缴获机枪四十多挺。他勇敢地消灭了敌人，保存了自己。

董存瑞和郅顺义两英雄的事迹，深深地教育了我，给了我莫大的鼓舞和无穷的力量，我一定要时刻用这些英雄的事迹来鞭策自己，永远忠于党，忠于人民。

一九六一年二月十五日

今天是古历大年初一，全连的同志都高高兴兴地到和平俱乐部看剧去了。我呢？为了在春节期间给人民做一件好事，吃过早饭后，我背着粪筐，拿着铁锹到处去捡粪。大约捡了三百来斤粪，我送给了抚顺望花区工农人民公社，并给公社党委和社员写了一封这样的祝贺信。

敬爱的工农人民公社党委和全体社员们：

你们好！在这新春佳节里，我怀着万分高兴的心情给你们写这封信，首先向你们致以亲切的慰问！祝你们身体健康，节日愉快。

我是人民的子弟兵，我一定要握紧枪杆，保卫我们的社会主义建设，保卫世界和平。我要永远忠于党，永远做好人民的勤务员。我愿为党和人民的事业，献出自己的一切，直至生命。

我利用春节放假期间，捡了几百斤大粪送给你们公社，支援农业。我用这几百斤大粪作为春节献给你们的礼物，表表自己的心意。

敬爱的公社党委和全体社员们：让我们在党和毛主席的英明领导下，奋发图强，艰苦奋斗，鼓足冲天的革命干劲，克服目前暂时的困难，为争取今年农业大丰收而奋斗吧！

一九六一年二月十六日

今天我没去看剧，在家学习毛主席著作。毛主席教导我们说："关心党和群众比关心个人为重，关心他人比关心自己为重。"毛主席的这些话，深深地教育了我，使我的心豁然地明亮了。我领到连队发给我的一斤苹果，怎么也舍不得吃，用自己心爱的手绢包了起来，放进了挂包里，心想来了客人给他们吃。今天，学习毛主席著作后，思想变得开朗了，想起了在病院里的伤病员同志，他们在新年佳节的时候，是多么需要人去安慰啊！我是人民的子弟兵，应该去好好慰问那些伤病员同志。把自己领到的一点点吃的东西送给伤病员吃，不是更有意义吗？下午三点钟，我拿着一斤苹果，连同自己写好的一封慰问信送给了抚顺市望花区职工西部医院。

一九六一年三月四日

今天，连长发给我一支新枪，我真像得到了宝贝一样，乐得连话都说不出来。看看那锋利而发亮的刺刀，摸摸那光滑的机柄，数着崭新的子弹，简直高兴得不知如何是好，生怕把枪弄脏了。看到枪机上落了一点点灰尘，我立即从衣兜里，掏出自己心爱的手绢，把灰尘擦得一干二净。

人民给我这支枪，我一定要好好保管和爱护，向党和人民保证，决心勤学苦练，定要练出真正的硬本领，坚决保卫我们的社会主义建设，保卫我们伟大的祖国，随时准备给侵略者致命的打击。

这支枪是我的，是革命给我的！

要想从我这里夺去，我宁愿战斗而死！

对党和人民要万分忠诚，对敌人越诡诈越好。

一九六一年三月十六日

世界上最光荣的事——劳动。

世界上最体面的人———劳动者。

一九六一年 × 月 × 日

汽车驾驶经验：会车时，因为灰尘大，让发动机熄火，利用惯性冲力滑行，等飞扬的尘土消失后再开电门。每当汽车开到灰尘较大的路线上，停下车子，用涂有黄油的大布给滤清器戴上"口罩"。

不要抢道，遇有会车、险道、便道、过桥过河、上下坡、拐弯，要"慢、让、站、看"。正常行驶中，保持四十公里左右的经济速度①。保证车况良好，安全生产，持续运行，从实际效果上看，这种慢就是快，否则快就是害。

只要人听党的话，车子就会听人的话。

我们光感到新社会好，还是很不够的，还要用自己的劳动使它变得更好。

汽车是党和人民给我们建设社会主义的武器，每个驾驶员爱不爱这个武器，爱到什么程度，这决定于每个驾驶员的阶级觉悟。

事实证明：只要付出了艰苦的劳动，车子就会听使唤。平时不愿下苦心，不肯做艰苦细致的工作，要想车况好，那就像坐着不动，想让苹果掉到嘴里来一样，是根本不可能的事。

一九六一年 × 月 × 日

什么是时代的美？战士那褪了色的、补了补丁的黄军装是最美的，工人那一身油渍斑斑的蓝工装是最美的，农民那一双粗壮的、满是厚茧的手是最美的。劳动人民那被烈日晒得黝黑的脸是最美的，粗犷雄壮的劳动号子是最美的声

---

① 经济速度，指汽车最省油的行驶速度。

音，为社会主义建设孜孜不倦地工作的人的灵魂是最美的。这一切构成了我们时代的美。如果谁认为这并不美，那他就不懂得我们的时代。

一九六一年 × 月 × 日

"当你在最困难、最危险、甚至威胁自己生命时，也能严格地遵守纪律，那就是好党员。"

我要做一个名副其实的好党员。

一九六一年 × 月 × 日

凡是脑子里只有人民、没有自己的人，就一定能得到崇高的荣誉和威信。反之，如果脑子里只有个人、没有人民的人，他们迟早会被人民唾弃。

一九六一年四月十六日

热情，像熊熊的火焰，是一切的原动力！

有了伟大的热情，才有伟大的行动！

　　今天是星期日。有的同志叫我上街看电影，我想起了一件事：党号召要大办农业，以粮为纲。在这风和日丽的春天里，正是农忙的季节，公社的社员们都在紧张而又忙碌地耕地、播种。我是一个农家的孩子，现在虽然成了一名祖国的保卫者，可是我有责任支援农业，改变农村的面貌，为农业早日机械化、电气化贡献一点力量。

　　想到这些，我哪里有心看电影呢！拿着铁锹跑到了抚顺李石寨人民公社万众生产大队，和社员们一起翻地。他们的革命干劲深深地教育和鼓舞了我，他们建设新农村的革命热情是万分高涨的。我真正懂得了群众的力量能移山填海，只有群众的力量是无穷无尽的，一个人的力量总是沧海一粟。我决心永远和群众牢牢地站在一起，为人类最美好幸福的生活而斗争。

一九六一年四月十七日

　　今天连部召开了一个党团员积极分子大会，听首长说：因近两年来我国遭到特大的自然灾害，给我们造成了一些暂时的困难。可是目前阶级敌人有所抬头，想乘机破坏我们的社会主义建设。我听了心里直发火，恨之入骨。我家里很穷，父、母、哥、弟都死在民族敌人和阶级敌人的手里。这血海深仇，我永远铭记在心。解放后，伟大的共产党拯救了我，党像慈父般地哺育和教育着我。从解放的那天起，党和毛主席便成了我心中的太阳，我对阶级敌人更加憎恨。由于不断受到党的教育，懂得了阶级斗争。像我这样的穷苦人，不斗争就没有出路。现在我是一个共产党员，"一个共产党员，只有当他闭上了眼睛的时候，才有权利停止斗争。"我决心为党和阶级的最高利益斗争到底。

一九六一年四月二十三日

今天早上接到上级首长的指示，要我到旅顺海军部队汇报。上午十点十五分，我乘火车离沈（阳）去旅（顺）。列车上的旅客很多，我看服务员忙不过来，心想，自己是一个共产党员，共产党员的全部任务就是全心全意为人民服务。在这种情况下，我应当做一名义务服务员，为旅客们服务。我把自己的座位让给了一个老大娘，自己在车上找到了一把扫帚，挨个扫完了整个车厢，接着又擦玻璃和车厢，而后给旅客们倒开水。有个老大娘很亲切地对我说："孩子，看你累得满头大汗，该休息啦。"我回答说："没什么！"……一个大尉① 首长站起来握着我的手说："大家应该向你学习。"我对首长说："为人民服务这是我应尽的义务。"

---

① 大尉，1955 年我军首次实行军衔时尉官的最高军衔。

　　列车在飞奔，旅客们个个心情舒畅，有的打扑克，有的唱歌，有的唠家常，还有的妇女逗小孩，广播员播送各种新闻和好听的歌曲，整个车厢充满了愉快和欢乐。

　　"旅客们注意啦！现在我们车厢要选一位旅客安全代表。"乘务员说。一位旅客站起来说："选这位解放军同志，大家同不同意啊？"旅客们都异口同声地说："好。"我真感到这是同志们对我高度的信任，那么，应该更好地关心大家。和旅客打交道，真是好极了，原先不认识的，也认识了，亲热得像一家人一样，真是有啥说啥。旅客们有事都找我，但我并不感到麻烦，反而觉得荣幸……

一九六一年四月二十四日

　　我到了××部队，好几个战友的眼睛出神地看着我。其中一个同志说："是雷锋！"另一个上士同志说："不是，雷锋一定是下士了，哪能还是一个上等兵呢？他可能是雷锋班里的战士吧。"他们都不敢肯定我是不是。和我一同去的同志对他们说："你们不认识他吗？他就是雷锋。"我笑着和他们握了手，并问好。其中有个战友可有意思，他伸出大拇指对我说："你是这个，呱呱叫的，起先我们都不敢认你，想必你一定是个下士了。"我笑着回答说："当兵很好嘛，都是为着一个目标——实现共产主义。"

我仔细分析了一下，他们想我一定是下士了，也许是有点根据。因报纸上都宣扬过，同时党和首长都很信任，一定要提升得快一些。可是，他们没考虑到工作需不需要的问题，为了党和人民的事业，我总想多贡献一点力量，那些个人的军衔级别，我真没时间考虑。

一九六一年四月 × 日

毛主席著作对我来说好比粮食和武器，好比汽车上的方向盘。人不吃饭不行，打仗没有武器不行，开车没有方向盘不行，干革命不学习毛主席著作不行！ ①

一九六一年 × 月 × 日

挤时间读书：早起点，晚睡点，饭前饭后挤一点，行军走路想着点，外出开会抓紧点，星期假日多学点。

如果不积累许多个半步，就不能走完千里。

---

① 此文摘自雷锋在部队团代会上的发言。

一九六一年四月二十八日

现在，我们国家处于困难的时期。我们是国家的主人，应该处处为国家着想，事事要精打细算，不能今朝有酒今朝醉，明日愁来明日忧。我们要奋发图强，自力更生，克服当前存在的暂时困难，坚决反对大吃大喝，力戒浪费。

＊　　　　　＊　　　　　＊

同志，您是否意识到您的一切生活在幸福之中？可能意识不到，也可能意识到了。当您能吃到一顿饱饭，穿上一套衣服，能当家做主，自由地生活，您有如何的感觉呢？有一种说不出的幸福感。这是党和毛主席给您带来的，是革命前辈流血牺牲给您带来的。

一九六一年四月二十九日

向第六届团代会汇报学习毛主席著作的提纲：

一、从什么时候开始学习？怎样学习的？

二、学习了毛主席著作后战胜了和泥的困难（冬天）。

三、学了《关心群众生活，注意工作方法》那篇文章后，帮助贫农吕常泰老大爷解决生活困难，送给他一件棉衣，一套单衣。

四、学习《中国社会各阶级的分析》后，提高了认识。

五、学习《关于正确处理人民内部矛盾的问题》，解决了×××同志的思想问题。

六、学习毛主席所说的怎样战胜困难后，战胜了投手榴弹的困难。

七、学习了《为人民服务》的文章后，在星期日休息时间带病帮工人推砖；在乘火车时当服务员，解决了旅客的困难，把自己的面包给一位老大爷吃，还给他一元钱买车票。

八、学习《纪念白求恩》的文章后，支援灾区。

九、学习《毛泽东选集》第四卷后，对当前的国际形势和国内形势的认识。

十、表示今后学习毛主席著作的决心。

学习毛主席著作，要学习毛主席的立场、观点和方法。要以实际问题为中心，按毛主席的指示办事。

学习公式：

问题——学习——实践——总结。

一、学习毛主席著作与改造自己的思想相结合，树立全心全意为人民服务的思想和辩证唯物主义世界观。

二、学习毛主席著作与改进自己的工作结合。

三、学习毛主席著作与搞好训练、提高技术结合。

四、学习毛主席著作与学习国内外形势、党的任务、方针政策相结合。

一九六一年四月三十日

毛主席指示我们："要提倡勤俭建国。要使全体青年们懂得，我们的国家现在还是一个很穷的国家，并且不可能在短时间内根本改变这种状态，全靠青年和全体人民在几十年时间内，团结奋斗，用自己的双手创造出一个富强的国家。社会主义制度的建立给我们开辟了一条到达理想境界的道路，而理想境界的实现还要靠我们的辛勤劳动。有些青年人以为到了社会主义社会就应当什么都好了，就可以不费气力享受现成的幸福生活了，这是一种不实际的想法。"

毛主席的话给了我深刻的教育和启发。根据我国目前的情况来看，还存在着许多困难。为着克服这些困难，都要十分地听党和毛主席的话，一切做长期打算，注意节约。

今天司务长发给我两套单军衣和两套衬衣，我只各领了一套，剩下那两套衣服交给了国家，以减少国家的开支，支援祖国的建设。

一九六一年五月一日

今天是伟大的"五一"国际劳动节，我感到特别的高兴。为了纪念这个伟大的节日，我没有上街看热闹，把房前房后、室内室外干干净净地打扫了一遍，帮助炊事班洗菜、切菜、做饭，用了三个小时。其他大部分时间用于学习《王若飞①在狱中》这篇文章。我读了一遍又一遍，越看越爱看，越读越感动。读完之后深深感到，我们不应该忘记过去！

在旧社会里，广大劳动人民受着国民党反动派的剥削压迫，过着牛马不如的生活。和千千万万受剥削受压迫的劳动人民一样，在旧社会里，我家也受尽了旧制度的折磨和凌辱。解放了，我才脱出苦海见青天！革命前辈用生命和鲜血拯救了我，伟大的共产党和毛主席拯救了我！我要永远听党的话，永不忘记过去，为了共产主义事业，要像王若飞同志那样，永生战斗！

一九六一年五月二日

我在《前进报》上看到了共产党员郑春满②同志舍己救

---

① 王若飞（1896—1946 年），杰出的无产阶级革命家，八路军高级指挥员。贵州安顺人。1922 年 8 月加入中国共产党。曾任中共中央秘书长、江苏省委书记、中共驻共产国际代表、八路军副参谋长、中共中央南方局工委书记等职。1946 年 4 月 8 日因飞机失事遇难。

② 郑春满（1932—1961 年），沈阳军区某部排长。辽宁桓仁人，朝鲜族。1950 年 10 月入伍。1957 年 7 月加入中国共产党。1961 年 11 月 4 日因抢救两名落水女童英勇牺牲，被追记一等功，并追授"爱民模范"称号。

人的英雄事迹后，感动得流出了眼泪。他在抢救两个孩子的生命与怒涛漩涡搏斗中，光荣地献出了自己宝贵的生命。我为失去一个这样好的阶级兄弟而感到十分沉痛。同时，也为有这样一个在党和毛主席教导下，在革命军队洪炉里熔炼成长起来的真正优秀的阶级兄弟而感到光荣和骄傲。

郑春满同志的这种见义勇为、舍己救人的英雄行为，表现了无产阶级的最高尚的品德，充分地反映了人民军队的本质。毛主席教导我们："紧紧地和中国人民站在一起，全心全意地为中国人民服务，就是这个军队的唯一的宗旨。"他忠诚地按照毛主席的教导，把自己锻炼成为一个真正的革命战士。我要学习他那舍己为人的精神，为共产主义奋斗终身。

一九六一年五月三日

我看到一位同志做了一件损公利己的事，心里过不去，立即批评和制止了他。爱护国家和人民的财产是我的责任，不能不管，今后还应该大胆地管。

牢牢记住，并且要贯穿在自己的生活和实际行动中去——革命的利益高于一切，处处为集体利益而不惜牺牲个人的一切。

毛主席说过："无数革命先烈为了人民的利益牺牲了他

们的生命，使我们每个活着的人想起他们就心里难过，难道我们还有什么个人利益不能牺牲，还有什么错误不能抛弃吗？"我想，那位同志太自私自利了，没有集体主义思想。对于这种人脑子中落后的东西，我们要去扫除，就像用扫帚扫房子一样，从来没有不经过打扫而自动去掉的灰尘。坚决按照毛主席的指示办事。

＊　　　　　　＊　　　　　　＊

听毛主席的话，做一个有益于人民的人。

今天早上，下着大雨，我因公从抚顺到沈阳。早五点钟从家出发，在到车站的路上，看到一位妇女背着小孩，手里还拉着一个六七岁的女孩去赶车。他们母子三人都没有穿雨衣，那个小女孩因掉进泥坑里，弄了一身泥，一边走还一边哭。看到这种情况，我立刻想起了毛主席教导我们无论到什么地方都要关心群众，帮助他们解决困难。我急忙跑上前去，脱下自己的雨衣披在那位背小孩的妇女身上，马上又背起那小女孩一同到了车站。上车后，我见那小女孩冻得直打颤，全身没有一点干处，头发还在滴水。咋办呢？我摸着自己一身衣服也湿了，急忙解开外衣，发现贴身的那件绒衣是干的，立即脱下来穿在了那小女孩的身上。听他们说没吃早饭就来赶车了，我把早上没吃的三个馒头送给了他们。上午九点钟，列车到了沈阳站，我没顾得肚子饿，又背着那小女孩跟随她母亲，把他们送到家里。我要离开她家的时候，那位妇女紧紧地握着我的手不放，激动地说："同志！我怎么感谢你呢?"说着热泪滚滚直掉,把我也感动得不知说啥好。"你不要感谢我,应该感谢党和毛主席!"这是我从内心深处说出来的一句话。

通过学习毛主席著作和自己的实践,我深刻地认识到毛泽东思想是做好一切工作的根本保证。今后,我要更好地学习毛主席著作,用毛主席的思想武装自己的头脑,指导自己的一切行动,永远做一个有益于人民的人。

一九六一年五月四日

党和毛主席救了我的命,是我慈祥的母亲。我为党做了些什么? 当我想起党的恩情,恨不得立刻掏出自己的心;当我想起我所经历的一切太平凡了的时候,我就时刻准备着:当党和人民需要我的时候,我愿意献出自己的一切。

一九六一年五月十四日

今天是星期日,我出了一天公差,帮炊事班做饭。一方面给大家改善生活,做点好吃的;另一方面让炊事员很好地休息一下,以处理一些个人的琐事。

晚饭后,指导员集合全连的同志开了一个会,布置下星期的工作，同时还宣布了上级的一个命令，提升我当副班长。今天提升我当副班长，完全是党对我的高度信任和大力的培养。我决心不辜负党和首长对我的期望。从今天起，我要更好地听党和首长的话，并牢记毛主席的教导："我们都是来自五湖四海，为了一个共同的革命目标，走到一起来了。""我们的干部要关心每一个战士，一切革命队伍的人都要互相关心，互相爱护，互相帮助。"坚决按毛主席指示办事，努力学习马克思列宁主义和毛泽东思想，处处坚持政治挂帅，事事以身作则，用阶级友爱的精神关心每个同志。以自己的实际行动，去影响和帮助同志。时时严格要求自己，全心全意为党工作，为战友们服务。耐心帮助同志们提高共产主义觉悟，组织大家更好地学习毛主席著作，用毛主席的思想指导一切行动，和全班的同志团结一心……

一九六一年五月二十日

目前我们的军事训练很紧张，干部战士的工作、学习简直忙得不可开交，晚饭后的一个小时休息时间，大家都主动地到地里搞生产，有些战友连上街理个发的时间也抽不出来。根据这种情况，首长给我们买了三套理发的工具，要我们自己互相理发，可是又没有人懂得理发的技术，都是外行。咋办呢？ 学习了毛主席的著作后，心里开了窍，毛主席说:"你要有知识,你就得参加变革现实的实践。"还说:"要使不懂得变成懂得,就要去做去看,这就是学习。"毛主席的话,给了我很大的启发。我利用业余时间,跑到附近的理发店,请教理发师,在理发师的耐心指导和帮助下,学会了基本的操作方法。

我第一次给战友刘正武理发时,总是感到手不顺心,推剪夹头发,一个头还没有理到一半,他说剪刀夹得头发痛,不剪了。开头一次学理发失败了。

但我并没有灰心,午休不睡觉,跑到理发店继续学习,在理发师的热情帮助下,一次、两次、三次,终于学会了理发。现在战友们都愿意要我理发了,到了星期六或星期日,我就忙不开。以前不要我理发的刘正武战友,也主动地要我给他理发了。

一九六一年六月十五日

目前我发现有少数战友不遵守纪律,生活稀拉。有的同志不请假外出;吹了起床哨,还有的睡着不动。我看这种现象很不好,应该及时扭转。

军队,它是战斗的集体,要有严格的组织纪律,一切要适应战斗的需要。很难设想一支锣鼓不齐、行动不一的军队,在战场上能打败敌人,取得胜利。

我今天在报纸上看了一篇文章，对我的启发教育很大。文章是这样的：

诸葛亮①用兵如神闻名，但在他的一生中也曾有过失利的战斗，比如"街亭失守"。这次战斗失利，使诸葛亮由主动变被动，最后不得不进行战略退却。街亭失守，原因固然很多，但和守将马谡没能严格执行命令，大有关系。马谡②领受任务时，诸葛亮再三叮咛："街亭虽小，干系甚重；倘街亭有失，吾大军皆休矣！"并说："此地奈无城郭，又无险阻……下寨必当要道之处。"但马谡引兵到达街亭后，却完全不以诸葛亮的话为意，认为"当道岂是下寨之地？"于是自作聪明地屯兵在山上。因而，被司马懿③乘机切断汲水道路，使山上无水，军不得食，引起军营大乱。马谡不得不放弃街亭，败军折将，失地弃城，落荒而逃。为了严明军纪，诸葛亮流着眼泪将马谡斩首。

马谡违反命令，是忽视了军令之严，因而遭受惨败，诸葛亮挥泪斩马谡，又是在维护军纪之严。可见，"严"字是从多次流血的经验中总结而来的。

然而，我们革命军队的"严"，又和历史上的一切旧军

① 诸葛亮（181—234 年），三国时期蜀国丞相，杰出的政治家、军事家、发明家、文学家。

② 马谡（190—228 年），三国时期蜀国将领。

③ 司马懿（179—251 年），三国时期魏国杰出的政治家、军事家，西晋王朝的奠基人。

队不同，单纯依靠军令、军法压服，是旧军队取得"严"字的手段。我们革命部队，不仅有严格管理的一面，而且有耐心说服的一面；不仅存在着自上而下严格要求的一面，而且也存在着自下而上自觉遵守纪律、坚决服从管理的一面。伟大的战士邱少云①，就是自觉遵守纪律的典范，我们应该学习。一个革命者，一个共产党员，应该是大公无私，为革命，为集体，不为个人，革命处境越是困难，越是需要每个成员更加英勇地坚持斗争。

一九六一年六月二十九日

"你们有许多的长处，有很大的功劳，但是你们切记不可以骄傲。你们被大家尊敬，是应当的，但是也容易因此引起骄傲。如果你们骄傲起来，不虚心，不再努力，不尊重人家，不尊重干部，不尊重群众，你们就会当不成英雄和模范了。过去已有一些这样的人，希望你们不要学他们。"

毛主席的这一段话，对我有很大的启发和教育。十多年

---

① 邱少云（1926—1952 年），中国人民志愿军一级战斗英雄、四川铜梁人。1949 年 12 月参加中国人民解放军。1951 年 3 月参加中国人民志愿军赴朝作战。1952 年 10 月 12 日执行潜伏任务时，为不暴露目标，任凭烈火焚烧也一动不动，直至壮烈牺牲。被追认为中国共产党党员，并追记特等功，追授"一级英雄称号。"

来，我在党的不断培养和教育下，提高了政治思想觉悟、树立了为共产主义事业奋斗到底的雄心大志，因此在各项工作和学习中取得了一点点成绩，党和人民给予了我很大的荣誉。自从去年各报刊和广播电台介绍了我的情况以后，收到了全国各地许多青年的来信。今天党对我这样信任，同志们对我这样尊重，我一定要更加虚心，尊重大家，努力学习，忘我工作，时刻牢记毛主席的教导，永远做一个人民的小学生。

一九六一年七月一日

今天早上起来，我感到格外的高兴，原因不是别的，昨晚我梦见了伟大的领袖毛主席。正好今天又是党建立四十周年的诞生日。今天，我有向党说不尽的话，感不尽的恩，表不完为党终身奋斗的决心。

我，一个孤苦的穷孩子，今天成长为一个解放军战士、光荣的共产党员，并当选为抚顺市人民代表，这一切是我做梦也想不到的。可以肯定地说，没有共产党，就没有我。每当朋友和同学们及许多不相识的同志来信称赞我、羡慕我的进步的时候，我就感到很不安。如果说这些年我在工作上做出了一点成绩的话，那首先要归功于党。我像一个学走路的孩子，党像母亲一样扶着我，领着我，教会我走路。我每成长一分，前进一步，这里面都渗透着党的亲切关怀和苦心栽培。

在党成立四十周年这个伟大的日子里，当我再一次回忆往事的时候，心里感到万分激动，是党给予我无产阶级思想，是党给了我为人民服务的能力，可是我做的工作太少了。亲爱的党，我慈祥的母亲，我要永远做您的忠实儿子，在您的教导下，永远朝气蓬勃地前进，勤勤恳恳地学习和工作，和全国人民一道，为建设社会主义和实现共产主义而献出自己的全部力量，直至生命。

一九六一年八月三日

今天是我永远不能忘记的日子，我光荣地参加了抚顺市第四届人民代表大会第一次会议。像我这样一个孤苦的穷孩子，能够参加这样的大会，心里有说不出的高兴和感激。

过去当牛马，今天做主人，

参加代表会，讨论大事情。

人民有权利，选举自己人，

掌握刀把子，专政对敌人。

衷心拥护党，革命永继承，

哪怕进刀山，永远不变心。

一九六一年八月六日

我看见有六位六七十岁的老太太来参加抚顺市第四届人民代表大会，内心十分羡慕和尊敬。我看到她们就好像看到了自己的祖母一样。我拉着她们的手，微笑着向她们问好，并把她们一个个送到宿舍，给她们倒茶、打水，并和她们有趣地拉家常。从阶级友爱出发，我不但爱这些老太太，而且爱全国人民，爱全世界的劳苦大众。他们都是我的亲人，我要为他们的自由、解放、幸福而贡献自己毕生的全部精力，直至最宝贵的生命。

一九六一年 × 月 × 日

学习《论人民民主专政》

整个革命历史证明，没有工人阶级的领导，革命就要失败，有了工人阶级的领导，革命就胜利了。在帝国主义时代，任何国家的任何别的阶级，都不能领导任何真正的革命达到胜利。

工人阶级是最先进、最觉悟、最有组织纪律、最有前途的阶级。工人阶级在旧社会（资本主义社会）受剥削受压迫最深，生活不如牛马，要求革命最坚决，最彻底。我国人民在工人阶级先锋队——伟大的中国共产党的正确领导下，取得了革命的伟大胜利，取得了社会主义建设巨大成就，将来会建设一个更美好的共产主义社会。

一九六一年九月十日

今天陈排长找我谈了一番话，对我的启发和教育很大。从多次的谈话中，使我深知，陈排长是一个直爽、诚实、对同志关心、对革命负责的好干部，这种精神和优良作风，我要永远学习。

排长谈到，据同志们反映说，我工作主观，其事实是：到浑河农场拉菜，我看农场里的同志都已吃晚饭了，心想战友艾起福、何国良出了一天车，比较累，再说午饭吃的早，也可能饿了。我和农场的管理员联系了一下，准备好了饭，叫他们两位司机吃。可是他们硬不吃，说天快黑了，车没有灯，要赶紧回队。我想回去也要吃饭，现在这里饭已准备好了，吃还不一样吗？再三劝他俩吃，最后他俩还是没有吃，我也就和他俩一块儿拉菜归队了。事后他俩说我办事主观。

今天排长给我指出，要我今后办事多和群众商量，注意工作方法。我觉得很好，一定改进。至于其他方面的小缺点，我也要特别注意，加以纠正。有些反映虽然有出入，但我也很欢迎，今后提高警惕，随时注意。我深记斯大林的教导："我们不能要求批评百分之百的正确。如果批评是来自下面的，那么即使这种批评只有百分之五到百分之十是正确的，我们也不应当忽视。"今天我是一个班长，对于战士的反映和意见，丝毫不能轻视，一定要坚决克服缺点，做好工作。

排长要我抓紧时间努力学习，提高政治觉悟和技术水平。这些好话，牢记心间，照着去做，定能进步。

一九六一年九月十一日

九月十一日，我接到河南省巩县驻驾庄公社干沟民办小学一位老师的来信，因河南省近两年遭到了自然灾害，给民办学校造成了一些暂时的困难，要求我给予他们经济援助。对这个问题我的态度是：人民的困难，就是我的困难，帮助人民克服困难，贡献自己的一点力量，是我应尽的责任。我是主人，是广大劳苦大众当中的一员，我能帮助人民克服一点困难，是最幸福的。

我向首长请示，准备卖掉自己的衣服和皮鞋，凑点钱以支援他们办学。可是指导员没有同意我这种做法，原因是衣服和皮鞋拿到自由市场去卖，就会违反部队的纪律。因此，我没有这样做。左思右想，还是把自己在部队一年零九个月所积存的全部津贴费（壹佰元）寄给了干沟民办小学校。我为人民尽力了，心里也快活了。

一九六一年九月二十日

我在哨所周围来回流动，脑子里一个转又一个转地想着，汽车、油库、国家的许多财产、全连的安全，都掌握在卫兵的手里，如果麻痹大意，不提高警惕，万一被敌人破坏，那将给国家和人民造成多大的损失。我感到自己责任的重大。红军长征的时候，天天打仗，经常几天几夜得不到休息，还是那样坚强勇敢、英勇奋战。我呢？人民的子弟兵，祖国的保卫者，这个光荣的称号使我感到高兴，我宁愿站到天亮也乐意。

一九六一年九月二十二日

毛主席写的《纪念白求恩》这篇文章，我早已读过，并为他的国际主义精神和共产主义精神感动得流出了热泪，对我的教育和启发特别大。他那种毫不利己、专门利人的精神，鼓舞和鞭策了我，使我收获不小。

今天副指导员又给我们上了这一课，我又反复地看了数遍，所受教育更为深刻。白求恩同志对待自己本行业务是那样刻苦地钻研，精益求精，为人类的解放事业献出了毕生精力和整个生命。可是我呢？ 为党、为人民又做了一些什么呢？ 对照起来，我感到万分惭愧和渺小。拿自己的技术学习来说，还不是那么刻苦钻研的，学得也不够深透。但是我相信，只要再加一把油，勤学苦练，虚心学习，是一定能把汽车开好的。一旦帝国主义发动侵略战争，我们就彻底、干净、全部地把它们歼灭。

通过这篇文章的学习，使我更深刻地认识到：一个人活着，就应该像白求恩同志那样，把自己的毕生精力和整个生命为人类的解放事业——共产主义全部献出。我要永远站在无产阶级的立场上，永远忠于党、忠于人民、忠于保卫祖国和世界和平的伟大事业，做一个真正的共产主义革命战士。

一九六一年 × 月 × 日

学习《纪念白求恩》

一个人能力有大小，但只要有这点精神，就是一个高尚的人，一个纯粹的人，一个有道德的人，一个脱离了低级趣味的人，一个有益于人民的人。

我决心听毛主席的话，事事大公无私，处处从党和人民的利益出发，全心全意为人民服务，决不让有一点肮脏的个人利益低级趣味的东西来玷污自己。向白求恩学习，做一个毫不利己、专门利人的人，为共产主义奋斗终身。

*　　　　　*　　　　　*

一个人，只要大公无私，处处从党和人民的利益出发，兢兢业业为党工作，老老实实为人民服务，就是一个有益于人民的人。

一个人只要他不存私心，时时刻刻考虑人民的利益，全心全意地去为人民服务，他就能成为一个道德高尚的人。

加强工作责任心，对同志对人民要忠诚，要热情，要关心，要互相帮助。

一个革命战士必须具有把一切献身于无产阶级革命事业的崇高理想。

不但要有好的思想，而且还要有高超的技术，才能更好地为人民服务。

文章的结尾告诉了我们要做一个什么样的人。我活着就要做一个对人民有用的人。

一九六一年十月一日

今天是国庆节，我格外地高兴。在这伟大的节日里，我加倍地惦记着英明的领袖——毛主席。

敬爱的毛主席呀，毛主席！我天天想，月月盼，总想见到您。可现在我还差得很远，没有做出什么成绩，对人民没有多大贡献。但是我有决心听您老人家的话，永远站在无产阶级的立场上，我要像松树那样，不怕风吹雨打，严寒冰雪，四季常青；我要像柳树一样，插到哪里都能活，紧紧与人民连在一起，在人民中生根、长大、结果，做人民最忠实的勤务员。

我要以坚强的毅力，忘我的劳动，刻苦学习，做好工作，争取见到毛主席。

一九六一年十月二日

今天连长找我谈话，句句打动了我的心。他说："火车头的力量很大，如果脱离了车厢，就起不到什么作用。一个人做工作，如果脱离了群众，就会一事无成……"连长的话给了我很大的教育和启发，使我懂得了一个人只有和集体结合在一起才能最有力量。今天我发动了全班的同志打扫卫生，由于大家一齐动手，很快就把室内室外打扫得干干净净，事实证明连长的话是正确的。今后我无论做什么，一定要走群众路线，依靠群众，发动群众，团结群众，一道为社会主义建设和实现共产主义而贡献力量。

一九六一年十月三日

人生总有一死，有的轻如鸿毛，有的却重于泰山。我觉得一个革命者活着就应该把毕生精力和整个生命为人类解放事业——共产主义全部献出。我活着，只有一个目的，就是做一个对人民有用的人。

当祖国和人民处在最危急的关头，我就挺身而出，不怕牺牲。生为人民生，死为人民死。

一九六一年十月八日

今天我在报纸上看了一篇文章，其中鲁迅①的两句诗对我教育很深。我坚决要按照鲁迅的那两句诗去做：

"横眉冷对千夫指，俯首甘为孺子牛。"

对敌人要狠，要像严冬一样残酷无情；对党、对人民要忠诚老实，永远忠于党，忠于人民……

---

① 鲁迅（1881—1936年），原名周树人。伟大的文学家、思想家、革命家和教育家。五四新文化运动的主将。浙江绍兴人。1918年5月，首次以鲁迅为笔名，发表中国现代文学史上第一篇白话小说《狂人日记》，奠定了新文学运动的基石。1936年10月19日病逝于上海。

一九六一年十月十日

我觉得一个真正的革命者，他是大公无私的，所作所为，都是对人民有益的，他的责任是没有边的……

一九六一年十月十二日

我要牢记这样的话：永远愉快地多给别人，少从别人那里拿取。这种共产主义精神，我要在一切实际行动中贯彻。

今天，我听战友佟占佩说没有日记本了，手中无钱买。我立即把自己一本最新的日记本送给了他。这仅仅是一点小事。我愿意把自己所有的东西，包括生命都献给党和人民……

一九六一年十月十四日

高奎云同志是新调来我班的一个好同志。他出身好，过去受过苦，现在革命热情高，工作能吃苦。他来自农村，学习少，政治觉悟比较低，对各种问题的看法有时片面，和同志们比较起来是落后了。我觉得这个同志有一个最大的特点，就是敢于改正缺点和错误。从这点来看，还是有办法的。我们班有的同志对他的看法不好，说他是个落后分子，就因他调到我们班，有的同志不大满意。针对这个矛盾，我组织大家学习了毛主席的有关著作。毛主席说："共产党员对于落后的人们的态度，不是轻视他们，看不起他们，而是亲近他们，团结他们，说服他们，鼓励他们前进。"通过学习和讨论，大家统一了认识，改变了态度。

高奎云同志调到我班的第三天就病了。我想起了毛主席的教导："我们都是来自五湖四海，为了一个共同的革命目标，走到一起来了。""我们的干部要关心每一个战士，一切革命队伍的人都要互相关心，互相爱护，互相帮助。"我觉得自己有责任去关心他，体贴他，给予他温暖。一清早，我请卫生员给他看了病，并给他打开水吃药，打洗脸水，给他洗脸，做病号饭送给他吃，把自己的棉大衣给他盖在身上，安慰他好好休息。到澡堂洗澡的时候，我给他擦澡……在生活方面我给予他适当的照顾。他激动地对我说："班长，你对我太关心了，人心都是肉长的，我再不好好干，也说不过去了。"第四天一早，他就主动地打豆子去了。我们吃早饭的时候，他打了一麻袋豆子背了回来。

一九六一年十月十五日

今天是星期日，我没有外出，给班里的同志洗了五床褥单，帮高奎云战友补了一床被子，协助炊事班洗了六百多斤白菜，打扫了室内外卫生，还做了一些零碎事……总的来说，今天我尽到了一个勤务员应尽的义务，虽然累了一点，也感到很快活。班里的同志感到很奇怪，不知道谁把褥单都洗得干干净净的。高奎云同志惊奇地说："谁把我的破被子换走了？"其实他不知道是我给他补好的呢！我觉得当一名无名英雄是最光荣的。今后还应该多做一些日常的、细小的、平凡的工作，少说漂亮话。

一九六一年十月十六日

高楼大厦都是一砖一石砌起来的，我们何不做这一砖一石呢！我所以天天都要做这些零碎事，就是为此。

一九六一年十月十七日

我看到厕所的粪池满了，立即动手把大粪掏出来，虽然牺牲了自己一上午的休息时间，但是厕所里弄得很干净了。人家开玩笑地说我是一个大粪夫。我觉得当一个大粪夫是非常光荣的。一九五九年参加北京群英会的时传祥①同志，不就是一个掏大粪的工人么？我要是能够当一个这样的大粪夫，那该多荣幸啊！

一九六一年十月十九日

有些人说工作忙、没有时间学习。我认为问题不在工作忙，而在于你愿不愿意学习，会不会挤时间。

要学习的时间是有的，问题是我们善不善于挤，愿不愿意钻。

一块好好的木板，上面一个眼也没有，但钉子为什么能钉进去呢？这就是靠压力硬挤进去的，硬钻进去的。

由此看来，钉子有两个长处：一个是挤劲，一个是钻劲。我们在学习上，也要提倡这种"钉子"精神，善于挤和善于钻。

---

① 时传祥（1915—1975 年），全国劳动模范。北京市原崇文区清洁队工人。山东德州人。1956 年 6 月加入中国共产党。1959 年参加全国群英会受到国家主席刘少奇的接见。

一九六一年十月二十日

人的生命是有限的，可是，为人民服务是无限的，我要把有限的生命，投入到无限的为人民服务之中去……

一九六一年十一月二十六日

我学习了《毛泽东选集》一、二、三、四卷以后，感受最深的是，懂得了怎样做人，为谁活着……

我觉得要使自己活着，就是为了使别人过得更美好。

我要以黄继光、董存瑞、方志敏等同志为榜样，做一个热爱祖国、热爱人民，永远忠于党、忠于人民革命事业的人。

一九六一年十一月二十七日

今天下大雨，我看到咱们车场放了两堆苞米，虽然用雨布盖上了，但是我还不放心，跑去一看，发现苞米被雨淋湿了不少。我真心痛极了，立刻组织了全班的同志冒雨收苞米。有的拿大筐，有的拿麻袋，装的装，抬的抬，很快就把

129

两千多斤苞米搬到了家里（进了屋），免遭损失。虽然衣服湿了，但是粮食收回来了，自己放心，心里快活了。

一九六一年十二月三十日

我班乔安山同志的母亲病了，今天来信叫他请假回家看望。首长批准了他三天假。可是他着急回家缺钱，想买点东西给母亲吃，钱又不够。正当他为难的时候，我一考虑心里过不去，我想：他的母亲就像我的母亲一样，他有困难，也等于是我的困难。我和他是阶级兄弟，应当互相帮助。想到这里，我立刻拿出了自己的十元津贴费，还买了一斤饼干，一齐交给他，叫他带回家给母亲。乔安山同志接到我的钱和饼干后，激动地说："班长，我太感谢你了……"

一九六二年一月一日

一九六一年已经胜利度过。回顾入伍两年来，在党和上级的耐心培养教育下，不断地提高了阶级觉悟，懂得了热爱同志和集体，懂得了怎样做人，懂得了党的号召就是我们行动的指南。由于我在实际工作和行动中，做出了一点成绩，部队党委授予我"模范共青团员"和"节约标兵"的光荣称号，并给我记了二等功一次、三等功两次。这使我内心十分激动。因为我所做的是每个共产党员应尽的义务，而且距离党和上级的要求还差得远，获得一些成绩也是党的教育和同志帮助的结果。

在新的一年中，我决心继续努力，做各项工作中的红旗手，关心同志，关心集体，处处、事事、时时起模范带头作用；更高地举起毛泽东思想红旗，努力学习毛主席著作……

一九六二年一月十一日

今天教员给我们连上了防原子武器一课。下课后，有的同志议论说："哎呀！这家伙了不得……"我听到这些不同的反映，便立刻组织大家学习毛主席《和美国记者安娜·路易斯·斯特朗的谈话》等文章。毛主席说："原子弹是美国反动派用来吓人的一只纸老虎，看样子可怕，实际上并不可怕。当然，原子弹是一种大规模屠杀的武器，但是决定战争胜败的是人民，而不是一两件新式武器。"

通过学习，大家提高了认识，端正了态度。因此在防原子操练中，大家干劲十足，信心百倍，操作认真。虽然在零下二十多摄氏度的野外练习防原子，但没有一个人叫苦的。我看到同志们那种苦练硬功夫的劲头，真高兴极了。

一九六二年一月十三日

今晚，我看了《洪湖赤卫队》电影，感到浑身是力量，我激动的心情像大海的浪涛一样，总也不能平静。

共产党员——韩英同志那种坚强勇敢、不怕牺牲的精神，给了我莫大的鼓舞和无穷的力量……她在敌人监狱里宁死不屈，并歌唱："为革命，砍头只当风吹帽；为了党，洒尽鲜血心欢畅。"她这崇高的豪言壮语，深深地刻在我的脑海里。我决心永远向韩英学习，为了党，我不怕进刀山入火海，为了党，哪怕粉身碎骨，我永不变心。

一九六二年一月十四日

在最困难、最艰苦的工作中，我想起了黄继光，浑身就有了力量，信心百倍，意志更坚强。

我每次外出执行任务或在最复杂的环境中，想起了邱少云，就能严格地要求自己，很好地遵守纪律。

每当我得到福利和享受的时候，想起了白求恩，就先人后己，把享受让给别人。

当个人利益与国家、党和人民的利益发生矛盾的时候，我想起了过去家破人亡、受苦受难的苦日子，就感到党的恩情永远报答不完。

一九六二年 × 月 × 日

学习《愚公移山》

学习愚公不怕困难，敢于斗争，敢于胜利的精神。

愚公能挖掉两座大山。我有恒心克服各种困难，学习好毛主席著作和军事技术，把自己锻炼成为一个又红又专的共产主义革命战士，更好地为人民服务，为人类的解放事业——共产主义而贡献自己的一切。

一九六二年一月十六日

今天下了大雪，刮着刺骨的北风。为了使车辆经常保持良好的技术状态，随时开得动，我和韩玉臣同志主动到车场保养车辆。双手拿着冰冷的工具，调整和修理铁的机器，的确冷得很，有时手拿着铁的机件，就把手和机件粘在一起了。特别是双手伸到汽油里去清洗机件，更把手指冻得好像针扎一样，我真想去烤烤火。可是，一想起连长在军人大会上的动员报告："在三九天里保养车是一个艰巨的战斗任务，过硬的功夫是在冰天雪地里锻炼出来的。"我感到有一股暖流立刻传遍了全身，觉得有了无穷的力量，打消了烤火的念头，继续清洗机件。经过八个多小时野外苦战，终于把汽车保养好了。虽然手冻裂了口子，但是锻炼了自己的意志，提高了技术。

一九六二年二月三日

今天我一口气看完了《中国青年》杂志上徐老（徐特立①）写给晚辈的几封家信。越看越感到浑身是劲，越看越觉得亲切，越看越想看。特别是徐老说的："一个共产党员应当什么都知，什么都能，什么都学，什么都干，什么人都交，什么生活都过得下去。"这些话对我来说，是有很大启发和教育的，也是我应当知道的，必须要做的。我要永远牢记徐老这些有益的话，并且要贯穿于一切言论和行动之中，决心把自己锻炼成为一个名副其实的共产党员，为人类做出贡献。

---

① 徐特立（1877—1968 年），杰出的革命教育家。湖南善化人。曾任长沙师范学校校长，是毛泽东、田汉等人的老师。1927 年 5 月加入中国共产党，参加过南昌起义和长征。新中国成立后任中央人民政府委员、全国人大常委会委员。中国共产党第七、八届中央委员。

一九六二年二月五日

今天是大年初一，大家都愉快地欢度新春佳节，有的打球，有的下棋，有的同志上街看电影，玩得够痛快……

我和同志们打了两盘乒乓球，心里觉得有件什么事没做似的。我想了想，每逢过年过节是人们探家和走亲戚的好日子，这个时候也正是各种服务部门和运输部门最忙的时期，这些地方是多么需要人帮忙啊。

我向副连长请了假，直奔抚顺车站。我刚到，正好一列火车进站。我看到一位老太太很吃力地背着一个大包袱上火车，我急忙跑上前，接过那位老太太的包袱，扶着那位老太太安全地上了车，给她老人家找了个座位，我才放了心。我要下车的时候，那位老太太紧紧地握着我的手说："你真是毛主席和共产党教育出来的好兵……"

我拿着扫帚扫候车室的时候，车站的主任对我说："你辛苦啦，休息休息吧。"我没有休息。我觉得这是自己应尽的义务。我给旅客们倒开水的时候，他们说："解放军真好，处处关心人。"我这样做，能使人民群众更加热爱党，热爱毛主席，热爱解放军，这就是我感到最幸福的。

一九六二年二月八日

今天文书同志从团里拿回来几本新书，其中《向秀丽①》这本书把我吸引住了。我拿了这本书，一口气读完了十多页，越读越使我感到浑身是劲，越读越使我敬佩，越读越想读。我用了四个多小时一字字一句句读完了这本书。读过之后，使我提高了阶级觉悟，加深了对剥削阶级的仇恨，对劳动人民的热爱，使我懂得了热爱同志和集体，懂得了爱护国家的财产和人民的生命安全，要比爱护自己的生命为重。

我决心永远学习向秀丽同志坚定的阶级立场，敢于斗争的精神；学习她耐心帮助同志、处处为集体谋利益的精神；学习她对工作极端负责任；学习她对党对人民无限忠诚；学习她爱护国家财产胜过爱护自己生命的精神；学习她在紧急关头，挺身而出、英勇牺牲的精神……我时时刻刻都要以她为榜样，经常对照自己和鞭策自己，把自己锻炼成为一个坚强的无产阶级革命战士。

---

① 向秀丽（1933—1959年），广东广州人，药厂女工。1958年12月13日为抢救国家财产被严重烧伤，因抢救无效于1959年1月15日逝世，被追认为革命烈士。

一九六二年二月十日

我觉得一个革命者就应该把革命利益放在第一位，为党的事业贡献出自己的一切，这才是最幸福的。

一九六二年二月十二日

一个共产党员是人民的勤务员，应该把别人的困难当成自己的困难，把同志的愉快看成自己的幸福。

一九六二年二月十四日

我今天能够参加团里的党代表大会，感到特别的高兴和激动。回顾十多年前，我还是一个穷苦的孤儿，吃不饱，穿不暖，过着饥寒交迫的苦日子。

自从来了伟大的共产党和英明的毛主席，我才脱离苦海见青天。

伟大的党啊——我慈祥的母亲，是您把我从虎口中拯救出来，抚育我成长。

是您，给了我无产阶级的思想。

是您，给我指出了前进的方向。

是您，给了我前进的动力。

是您，给了我一切……

敬爱的党——我慈祥的母亲，我只有以实际行动来感恩。

一、坚决听党的话，一辈子跟着党走。

二、刻苦学习，忘我劳动，积极工作，完成党交给我的任务。

三、永远忠于党，忠于人民，为共产主义事业奋斗终身。

一九六二年 × 月 × 日

今天我看了《孙悟空三打白骨精》的电影后，受到了一次深刻的政治教育。我认为影片中的孙悟空，是一个英雄好汉，他的立场鲜明，斗志坚强。他能通过事物的表面现象，看清事物的本质，识破妖魔的阴谋。他爱憎分明，对敌人不抱任何幻想，坚决斗争到底，直至最后把敌人消灭。

唐僧这个人软弱无能，敌我不分，对敌人抱着幻想，把坏人当好人，结果落入敌人之手，要不是孙悟空来搭救，他就完蛋了。

猪八戒此人和平麻痹思想极为严重，分不清是非，有个人主义思想，差点断送了自己的性命。

　　沙和尚这人表现一般，不上不下，站在中间，因他分不清是非，结果也上了敌人的当。

　　总的看来，这部影片很好，现实教育意义大，特别是对那些对帝国主义抱有幻想的人是一个极大的教训。看过这部影片，我们应该懂得，敌人是不会发善心的，是不肯放下屠刀的，直至他们灭亡。我们还要知道，要消灭敌人取得胜利，首先要在大风浪中分清是非，斗争到底，加强内部的团结，统一思想，一齐行动，这样才能有力量，战无不胜。我觉得，一个革命者要不迷失前进的方向，正确地分清是非，取得革命的胜利，就得努力学习马列主义和毛泽东思想，掌握了这个思想武器，并用于实际，就可以取得革命的胜利。

　　我要学习孙悟空坚定不移的立场，学习他分辨是非的能力，学习他顽强的斗争精神，学习他对敌人憎恨、对自己人无限忠诚的特性，学习他不消灭敌人决不罢休的精神。我决心永远忠于党，听党和毛主席的话，练好军事技术，不消灭敌人，决不罢休。

一九六二年二月十九日

　　今天是我永远不能忘的日子。像我这样一个穷孩子，能光荣地参加这次沈阳部队召开的首届团代会，感到万分的激动。能见到军区首长，直接听到首长的报告和指示，更是感到荣幸。首长特邀我参加这次隆重的团代会，并选我为主席团的成员，能和首长坐在一起，能和来自四面八方的英雄模范见面等等，这一切都是我过去做梦也想不到的。我这次参加团代会，既感到高兴，又感到惭愧。高兴的是：有党和毛主席的好领导，全军共青团工作取得了巨大的成就；惭愧的是：我为党和人民做的工作太少了，比起其他的代表，我差得太远了。但是我决不甘心落后。我想，只要听党和毛主席的话，积极肯干，就能为祖国为人民做出许多好事。我相信自己，别人能做到的事，我一定能做到。我决不辜负党和人民对我的期望，决心从以下几个方面努力：

（一）永远听党和毛主席的话，党指向哪里，我就冲向哪里，处处以整体利益为重，全心全意为革命工作，勤勤恳恳，踏踏实实，在平凡细小的工作当中，干出不平凡的业绩。

（二）好学：我要认真学习毛主席的著作，刻苦钻研技术和业务，决心做个又红又专的革命战士。

（三）我要密切联系群众，相信群众，虚心向群众学习，团结带领群众一同前进，永不自满，永不骄傲，永远谦虚谨慎，紧紧地与群众团结在一起，共同为党的伟大事业而奋斗。

（四）我要积极肯干，做到说干就干，干就干好，脚踏实地、实事求是地干，千方百计地干，事事拣重担子挑，顺利时干得欢，受挫折时也要干得欢，扎扎实实地干，一定要把事情办好。

一九六二年二月二十六日

　　过去，我是孤苦伶仃的穷光蛋。

　　现在，我是一个光荣的共产党员，国家的主人。

　　将来，我永远是党的忠实儿女，人民的勤务员。

一九六二年二月二十七日

　　雷锋呀，雷锋！我警告你牢记：千万不可以骄傲。你永远不能忘记，是党把你从虎口中拯救出来，是党给了你一切……至于你能做一点事情了，那是自己应尽的义务。你每一点微小的成绩和进步都应该归于党，要记在党的账上。我一定听党和毛主席的话，把我的青春献给世界上最壮丽的事业——为人类解放而斗争。

一九六二年 × 月 × 日

　　要树立四个观念：

一、政策观念。

二、集体观念。

三、战备观念。

四、劳动观念。

一九六二年三月二日

骄傲的人，其实是无知的人。他不知道自己能吃几碗干饭，他不懂得自己只是沧海之一粟……

这些人好比是一个瓶子里装的水，一瓶子不满，半瓶子晃荡，可是还晃荡不出来。这有什么值得骄傲的呢？

一九六二年三月四日

我愿做高山岩石之松，不做湖岸河旁之柳。我愿在暴风雨中艰苦的斗争中锻炼自己，不愿在平平静静的日子里度过自己的一生。

一九六二年 × 月 × 日

你崇高的行为就是献身于为人民服务，为自己的祖国效忠，为崇高的共产主义理想立功。

一九六二年三月七日

我要永远愉快地多给别人，毫不计较个人得失……

一九六二年三月九日

我懂得，一个人只要听党和毛主席的话，积极工作，就能为党做很多好事情。但，一个人的力量毕竟是有限的，走不远，飞不高，好比一条条小渠，如果不汇入江河，永远也不能汹涌澎湃，一泻千里。

一九六二年三月十六日

我是党的儿子，人民的勤务员。我走到哪里，哪里就是我的家，我就在哪里工作。

一九六二年 × 月 × 日

不经风雨，长不成大树；

不受百炼，难以成钢。

迎着困难前进，这也是我们革命青年成长的必经之路。有理想有出息的青年人必定是乐于吃苦的人。

一九六二年 × 月 × 日

生活中一切大的和好的东西全是由小的、不显眼的东西累积起来的。

人若没干劲，好像没有蒸汽的火车头，不能动；像没长翅膀的鸟，不能飞。

一九六二年三月二十四日

今天吃早饭，我看到炊事班的饭盆里有很多锅巴，便随手拿了一块吃。炊事员刘太顺同志说："自觉点啊！"我听了这句话，心里很难受，觉得吃一块锅巴有什么？赌气把那块锅巴放到饭盆里，走了出来。这时，通信员送来了一张报纸。我接过来就看，首先看了报纸上毛主席的语录。毛主席说："因为我们是为人民服务的，所以，我们如果有缺点，就不怕别人批评指出。不管是什么人，谁向我们指出都行。只要你说得对，我们就改正。"我一口气把这段话念了十多遍，越念越感到自己不对，越念越感到毛主席的这些话好像是专门对我说的，越念越后悔不该和炊事员赌气。我自己问自己："你多不虚心呀！人家批评重一点，你就受不了啦！"想来想去，我还是硬着头皮跑到炊事班，承认了自己拿锅巴吃不对，并检查了自己的缺点。炊事员感动地说："你对自己要求这么严，真是好同志……"

一九六二年三月二十八日

我们要真正学到一点东西，就要虚心。譬如一个碗，如果已经装得满满的，哪怕再有好吃的东西，像海参、鱼翅之类，也装不进去，如果碗是空的，就能装很多东西。装知识的碗，就要像神话中的"宝碗"一样，永远也装不满。

一九六二年四月四日

有人说：人生在世，吃好、穿好、玩好是最幸福的。我觉得人生在世，只有勤劳，发奋图强，用自己的双手创造财富，为人类的解放事业——共产主义贡献自己的一切，这才是最幸福的。

一九六二年 × 月 × 日

学习《论联合政府》

掌握思想教育，是团结全党进行伟大政治斗争的中心环节。如果这个任务不解决，党的一切政治任务是不能完成的。

思想教育应该是经常的，长期的。正如洗脸一样，一天不洗，脸上的脏东西和灰尘就不掉。要是长期不洗，脏东西和灰尘就会在脸皮上结成壳，人家看了，会骂他是懒汉。人的思想也是这样，如果不经常教育，不用正确的思想克服错误的思想，时间长了，思想就会出毛病。思想背了包袱，工作就会消极，干劲就不足，各项任务就不能完成。

一九六二年四月十五日

《黄继光》这本书，我不止看过一遍，而是含着激动的眼泪，一字字一句句地读了无数遍，甚至我能把这本书背下来。我每当看完一遍，就增加一分强大的力量，受到的教育也一次比一次深刻。它对我的启发和鼓舞极大。英雄黄继光之所以能为人类的解放事业做出伟大的贡献，是因为他有高度的阶级觉悟，对敌人恨之入骨，对党对人民，对革命事业无限忠诚。

我要学习黄继光那种坚定的无产阶级立场，学习他勇敢坚强的革命意志，学习他的高贵品质，学习他关心别人比关心自己为重，学习他兢兢业业为党工作的精神，学习他勤劳朴实的性格，学习他谦虚好学渴求进步的精神，学习他为祖国人民英勇战斗的精神。

现在我是普通一兵，对党和人民没做出什么贡献，但是我有决心，永远听党和毛主席的话，紧紧跟着党和毛主席走，永远忠于党，忠于人民，兢兢业业为党工作一辈子，老老实实为人民服务，坚决完成黄继光未完成的事业。我随时准备着献身祖国，必要时，我一定像黄继光那样，贡献自己的生命，做祖国人民的好儿子。

一九六二年四月十七日

一个人的作用，对于革命事业来说，就如一架机器上的一颗螺丝钉。机器由于有许许多多的螺丝钉的连接和固定，才成了一个坚实的整体，才能够运转自如，发挥它巨大的工作能力。螺丝钉虽小，其作用是不可估量的。我愿永远做一颗螺丝钉。螺丝钉要经常保养和清洗，才不会生锈。人的思想也是这样，要经常检查，才不会出毛病。

我要不断地加强学习，提高自己的思想觉悟，坚决听党和毛主席的话，经常开展批评与自我批评，随时清除思想上的毛病，在伟大的革命事业中做一颗永不生锈的螺丝钉。

一九六二年 × 月 × 日

学习《中国人民解放军宣言》

必须提高纪律性，坚决执行命令，执行政策，执行三大纪律八项注意，军民一致，军政一致，官兵一致，全军一致，不允许任何破坏纪律的现象存在。

我要严格遵守纪律、国家法律、法令及部队各种条例、条令，尊重首长，热爱同志，搞好团结，做个遵守纪律的模范。

一九六二年四月二十七日

今天，刘兴学同志上街看电影，没有请假。首长批评了他，可是他很不高兴，背后说："当兵真不自由，处处受纪律的束缚。今天人民自己当家做主，谁也用不着管谁。"我听到这些话，立即向他作了解释：我们青年人要把自己培养成为一个具有共产主义道德的人。我们不能忘记了培养共产主义道德品质的一个重要方面，就是以自觉遵守纪律的精神来锻炼自己。你不管去战斗，去劳动和工作、学习等，都必须遵守纪律。就是我们的日常生活，也得有纪律。如果我们没有纪律的话，我们可以想象到，我们的社会将会成为什么样子呢？　人人自由行动，社会必然会混乱起来，就像乐队队员们在演奏时不听指挥一样，你干你的，我干我的，一定会弄得杂乱无章，不成音乐了。我还举例对刘兴学同志说：比如上课吧，有一个不遵守纪律的学生故意在课堂上闹，故意出洋相，逗人家笑，这就会妨碍别人专心听讲，使课堂教学无法顺利进行，影响了大家学习的自由。我们需要哪种自由，难道还不明显吗？　同时，也正因为今天我们人民自己当家做了主，就更应该表现出有纪律有教养，而不应该扰乱我们自己的秩序。

经过摆事实、讲道理，刘兴学同志想通了，提高了认识，承认了自己违反纪律不对，并且向首长写了检讨，表示今后很好地守纪律。

一九六二年五月二日

　　今天下午我在保养汽车，突然天下大雨。我正在盖车的时候，见到路上有一位妇女，左手抱着一个小孩，右手拉着一个五六岁的孩子，左肩上还背着两个行李包，走起路来真是很吃力。我急忙跑上前，问她从哪来？到哪去？她说："从哈尔滨来，到樟子沟去。"她还告诉我说："兄弟呀！我今天遭老罪了，带两个孩子，还背一些东西，天又下雨，现在天快黑了，还要走十多里路才能到家。现在我都累迷糊了，我哭也哭不到家呀……"我听她这么说，心里很过不去。我想，毛主席说过："我们的同志不论到什么地方，都要和群众的关系搞好，要关心群众，帮助他们解决困难。"想起毛主席的教导，浑身有了力量，我跑回部队驻地，拿着自己的雨衣给那位妇女，我又抱着她的孩子，冒着风雨送他们回家。在路上，我看那小孩冷得发抖，我立即脱下自己的衣裳给他穿上。走了一小时四十分钟，终于把他们送到了家，那妇女激动地对我说："兄弟呀，你帮了我，我一辈子也忘不了啊……"

　　我对她说："军民一家嘛，何必说这个啦……"我离开她家的时候，风雨仍然没停，他们都留我住下。我想，刮风、下雨、天黑，算得了什么？一定要赶回部队，明天照常出车。我一边走一边想着：我是人民的勤务员，自己辛苦点，多帮人民做点好事，这就是我最大的快乐和幸福……

一九六二年五月六日

今天是星期日，过得很有意义。上午修路二百米，把几个坑洼的地都填好了。开车的人对我说："你做了好事呀！把路修好了以后，行车就要少遭点罪了。"我想，是呀！为了使行车方便，减少车辆震动，以防机件受损失，自己少休息点，多劳动点，是完全值得的。

下午，我保养了一个小时车，其余时间帮老百姓种地。我看到老乡们犁地，心想：借此机会学习犁地也不错呀！我提出要求，就得到了老乡的支持，尤其是王老大爷真好，把着手教我犁地。开始，牲口不听我使唤，地也犁得弯弯曲曲的。学习了一会儿，找到了点门路，慢慢就顺手了。两个小时过去了，老乡说："休息一会儿吧，让牲口吃点饲料。"说实在的，这时我真不想休息，总想多学一会儿，虽然累了一身汗，我觉得学点犁地技术是完全划得来的。从内心往外说，我时刻都想多学点本领，更好地为人民服务。我时刻牢记着马克思的教导：不学无术在任何时候，对任何人，都无所帮助，也不会带来利益。今天，我为了人民的利益，阶级的利益，革命的利益，多学点本领就更为必要了。我所以要虚心学习，刻苦钻研，学到真本领，就是为此目的。

一九六二年五月八日

今天部队发放了夏天的服装，本来每人发两套军装，两双胶鞋……我想，当前国家正处在困难时期，再说，我们的国家还很穷，可是党和人民对我们却还这样无微不至地关怀，使我从内心感激党和人民的关怀。党和人民对我们这样好，可是也不能烧火棍一头热呀！我们也得为党和人民着想，应当积极响应党的号召，发奋图强，自力更生，处处做到增产节约，发扬我军艰苦朴素、勤俭节约的优良传统。

为了和人民群众同甘共苦，减轻人民的负担，共同克服目前的困难，我只领了一套单军装、一双新胶鞋，其他用品也少领了。以前用过的东西，我都修补好了，继续使用。穿破了的衣服补好了再穿。我觉得就是现在穿一套打了补丁的旧衣服，也比我过去披的破烂衣服要好千万倍啊……

一九六二年六月二十二日

从三月十六日到今天，我开的汽车已安全行驶了四千多公里，没有发生事故，圆满地完成了上级首长交给的各项任务。

为了使车辆经常处于良好的技术状况，准备迎接新的任务，首长给了我一天时间保养车。从今早六点钟开始工作，清洗了燃油系，检查调整了电路，底盘各部机件打了黄油。当我把全车螺丝检查紧定完毕的时候，接到首长的指示，叫我马上出车，护送一个重病号到卫生连。我急忙收拾工具，出车护送。临走前，我看了下手表，已是下午一点了。这时我的肚子也感到有些空了。凑巧，我连炊事员给我送来了一盒午饭，大家叫我吃了饭再走。但是我想：阶级兄弟病重，处在紧要关头，抢救同志要紧，不能耽误时间，于是开车出发。

经过两个多小时急行车，终于把病号按时送到了卫生连，顺利地完成了任务。这时，我才松了一口气，感到格外的痛快。

一九六二年 × 月 × 日

学习《中国社会各阶级的分析》

我学了毛主席的《中国社会各阶级的分析》的文章，受到了很大的教育。拿目前来说，我国虽然已经是社会主义社会，但是在国际上还有帝国主义存在，在国内还有阶级斗争存在的时候，阶级分析这个马克思列宁主义的斗争武器，就决不会过时。我们每一个革命同志，必须认真用它来武装自己的头脑，做一个真正自觉的无产阶级革命战士。

一九六二年 × 月 × 日

我是在一九五八年夏开始学习毛主席著作的。经过学习，提高了阶级觉悟，武装了头脑，增强了本领。我在学习过程中，始终坚持用学习到的理论、观点对照联系自己的思想、劳动和周围的一切实际事情。这么一联系，不仅加深了对理论的理解，而且更有助于政治水平的提高。如通过学习毛主席所写的《中国社会各阶级的分析》和《关于正确处理人民内部矛盾的问题》这两篇文章，我清楚地明白了，不同的阶级有不同的立场，对同样一件事情，不同的阶级就有不同的看法和说法。今后，我还要更好地学习，更好地为党的事业而奋斗。

一九六二年六月二十八日

有些人对个人和集体的关系认识不清，因此做工作、办事情、处理问题等只顾个人，不顾整体。这样，就会给革命造成损失，给集体造成不利。我觉得正确认识个人和集体的关系是很重要的。

我认为个人和集体的关系，正像细胞和人的整个身体的关系一样。当人的身体受到损害的时候，身上的细胞就不可避免也要受到损害。同样的，我们每个人的幸福也依赖于祖国的繁荣，如果损害了祖国的利益，我们每个人就得不到幸福！

一九六二年六月二十九日

为出席共青团抚顺市委表彰
少先队优秀辅导员大会发言提纲

5月28日，我接到共青团抚顺市委的通知，叫我参加本市召开的表扬奖励少先队辅导员大会。通知上说，把我也评上了抚顺市的优秀大队辅导员。看完通知，我的心好久没有平静。

回想近两年以来，我被聘请为本市建设街小学和本溪路小学的校外辅导员后，在党的培养教育和支持下，尽自己的力量，利用业余时间和节假日的休息时间，帮助少先队开展了一些有益的活动，给少年朋友们讲毛主席小时候的故事、战斗英雄故事，讲新旧社会的对比等，启发他们的上进心和阶级觉悟。……

建设街小学有些小朋友爱花零花钱，我给他们讲了解放军艰苦朴素、勤俭节约的故事后，对他们有很大启发。为了进一步使他们了解点滴节约、积少成多的意义，我把他们带到部队，搬出自己的节约箱给他看。有个同学看到我捡的大半箱牙膏皮，便惊奇地说："哎呀！怎么捡这么多？"我对他们说，这是我平时在水沟里垃圾堆里一个个捡起来的。站在旁边的一位同学说："真是滴水成河，积少成多呀！"当场有很多同学向我表示决心，一定做到勤俭节约，不乱花一分钱。过后，他们真的也做了节约箱，捡了不少碎铜烂铁、牙膏皮、螺丝钉等。他们的实际行动，真使我感到十分高兴，同时也使我受到很大启发。我想：孩子们处处向我们学习，那我们更应该好好地听党的话，积极工作，努力学习，提高自己，处处以身作则，以我们的模范行为去影响和教育他们。从此，我便时刻要求自己，老老实实地工作，更刻苦地学习，丰富自己的知识。……

一九六二年六月三十日

万恶的旧社会，把穷人逼成鬼。凶恶的三大敌人，害得人民妻离子散，家破人亡。暗无天日的旧社会是个吃人的旧社会，它吃掉了我一家人。不！它吃掉了千千万万的穷人。"万人坑"、"白骨塔"，就是旧社会吃人的证据。这一点，我过去还不很了解。通过学习，我明确地认识到了，过去穷人的苦，不是一个人或两个人的苦，也不是一家或两家人的苦，而是天下穷人的苦，是整个阶级的苦。

我们要想永不受苦，永远过幸福美满的生活，就要革命到底，彻底消灭帝国主义和一切反动派。这是我从自己的亲身经历中深深体会到的。同时，也是党经常教导的。

万恶的帝国主义和一切反动派是不会甘心死亡的，还要进行最后的垂死挣扎。我坚决反对敌人的阴谋破坏活动；我坚决要用自己满腔沸腾的热血，像黄继光那样保卫祖国，保卫世界和平。伟大的党，请批准我上前线吧！我坚决要杀敌报仇，我坚决要为人类的彻底解放事业贡献自己的一切，直至生命。

　　　　*　　　　　　　*　　　　　　　*

我认为，一个革命者，要树立牢固的集体主义思想，时刻都要把集体利益放在第一位。同时还要坚决打消个人主义，因为个人主义对革命不利，对集体有损害。个人主义好比大海中的孤舟，遇到风浪，一碰就翻。

一九六二年七月一日

今天是党的生日。在这个伟大的节日里，我激动的心啊，像大海里的浪涛一样，不能平静。

在十多年前，我还是个孤苦伶仃的穷孩子。过去的生活，把我折磨得人不像人，鬼不像鬼，害得我上天无路，入地无门。万恶的旧社会，就是这样的黑暗、无情和残酷。正当我处在生死的关头，来了伟大的共产党和英明的毛主席，把我从虎口中拯救，给我吃的、穿的，送我读书，给我带来了无穷的温暖和幸福。党像慈母一样，哺育着我长大成人。是党给了我生命，是党给了我幸福，是党给了我无产阶级的思想，是党给我指出了前进的方向，是党给我开辟了前进的道路，是党给了我前进的力量，是党给了我的一切。

今天，我当了家，做了国家的主人，得到了自由和幸福，内心是何等地感激党和毛主席啊！我时刻都想掏出自己的心，献给伟大的党。

忆过去，我刻骨地痛恨三大敌人。

想今天，我万分地感谢党和毛主席的恩情。

望将来，我信心百倍，浑身是劲，坚决要为共产主义事业奋斗到底。

为了党，我愿洒尽鲜血，永不变心。

为了革命，为了阶级的最高利益，我时刻准备着，挺身而出，牺牲自己的一切。

为了人类的解放事业——共产主义，我要献出自己的毕生精力和整个生命。

一九六二年七月二十九日

今天，指导员找我谈话。他说："雷锋同志，你从三月份离开连队到下石碑山单独执行运输任务，工作很积极，政治责任心强，任务完成得很出色，安全行车四千多公里没发生事故，同时还给人民群众做了很多的好事。这很好，要继续发扬……不过，现在有人反映，说你和一位女同志谈情说爱，是否有这么回事呢？你好好谈谈。"

从内心往外说，我没有和哪个女同志谈情说爱。指导员提出这个问题，我感到莫名其妙，不知风从何起。首长经常教育我们，无论到什么地方，都要严格要求自己，不要违法乱纪。这些话，我永远也不能忘记，坚决不会明知故犯。

我想：自己年轻，正是增长知识的好时候，应该好好学习，好好工作，更好地为人民服务。我还这样想过：我是在党哺育教导下长大成人的，我的婚姻问题用不着自己着忙……

现在，有同志说我谈情说爱，没有任何根据，完全是误解。我是个共产党员，对别人的反映和意见不能拒绝，哪怕只有百分之零点五的正确，也要虚心接受。现在有的同志还不了解我，对问题还没有弄清楚，冤枉了我，使我受点委屈。这也没什么，干革命就不怕受委屈。"没做亏心事，不怕鬼敲门"，我没有这回事，就不怕人家说。

"有则改之，无则加勉。"事情总是会清楚的，让组织考验我吧。

一九六二年七月三十日

今天起床后，我们参加了后勤处的生产劳动。到地里后，有的同志没按计划带工具，本来叫带十把镐头、六把锄头，结果只带了两把镐头、五把锄头，影响了生产。

这件事，对我的启发教育很大。我认为不按计划办事，害处很大。今天所见仅仅是生产当中的一件小事，大事又何尝不是如此呢？我感到无论做什么，一定要事先有计划，不能盲目乱干。只有按计划办事，才能圆满完成任务。

一九六二年 × 月 × 日

学习《论军队生产自给，兼论整风和
生产两大运动的重要性》

自己动手　丰衣足食
自力更生　立于不败之地
我们的社会主义建设也是如此。
通过这篇文章的学习，我从理论上懂得了军队生产和整风两大运动的重要性。联系到当前我们部队大搞生产的实际情况，更加深了我对毛泽东思想的领会。就拿我们连来说，由于听了毛主席的话，搞好了生产，在当前国家处在困难时期，大大减轻了人民的负担，改善了部队的生活。事实证明，只要我们听毛主席的话，就能取得各项工作的胜利。

一九六二年八月一日

今天是中国人民解放军建军三十五周年纪念日。我们部队全体指战员和人民一起，以无限欢欣鼓舞的心情，来热烈庆祝这个伟大的节日。

中国人民解放军是中国共产党领导的全心全意为人民服务的军队。三十五年来，我军在党和毛主席的英明领导下，走过了艰难曲折的道路，从小到大，从弱到强，克服了许多难以想象的困难，战胜了国内外强大的敌人，从胜利走向胜利。

今年的八一建军节，美帝国主义支持鼓励蒋匪帮妄图窜犯大陆的沿海地区。我们在提高警惕加强战备的情况下，来纪念这个伟大的节日，有其更加重要的意义。对蒋匪帮妄图窜犯大陆，有人似乎觉得奇怪：十三年前就被我们打得一败涂地的蒋匪帮，今天已经是穷途末路，怎么敢来窜犯大陆？难道他不知道是以卵击石吗？ 是的，完全是这样的。如果蒋匪帮胆敢窜犯大陆，必然是死路一条。今天，蒋介石匪帮之所以敢于窜犯大陆，主要是因为有美帝国主义的支持。他们以为有这座靠山，就什么都不怕了。他们总是看不见人民的力量，总是违背历史发展的规律，总是搬起石头砸自己的脚，总是自找死路而且至死不悟。这是由他们的阶级本质决定的。对美帝国主义和蒋匪帮这种反动的阶级本质，毛主席早就作了最深刻的揭发，最透彻的阐述。毛主席教导我们：帝国主义和一切反动派"它的本性是不能改变的，帝国主义分子决不肯放下屠刀，他们也决不能成佛……"。在人类历史上，凡属将要死亡的反动势力，总是要向革命势力进行最后挣扎的。"捣乱、失败、再捣乱、再失败，直至灭亡——这就是帝国主义和世界上一切反动派对待人民事业的逻辑，他们决不会违背这个逻辑的。"我国人民革命斗争的历史就是证明。

现在，美帝国主义支持蒋匪帮妄图冒险窜犯大陆，就是梦想卷土重来，实行反革命复辟，重新把中国人民拖回黑暗的旧社会，重新把中国变为美国的殖民地。我们一定要认清敌人这种凶残、阴险、反动的本质，永远不忘血海深仇，提高警惕，练好本领，随时准备粉碎敌人。

一九六二年八月五日

今天是星期日，本来应该休息。可是因为任务重、工作忙，再加上汽车行驶里程到了二级技术保养期间，我想：完成任务要紧，保养好车辆重要，牺牲个人休息嘛，没有什么。因此，我还是照常工作。上午调整了汽车各部间隙，换了手制动片。下午送工作组首长到我团工作，一路很平安……

一九六二年八月六日

我今天听一位同志对另一位同志说："人活着就是为了吃饭……"我觉得这种说法不对。我们吃饭是为了活着，可活着不是为了吃饭。我活着是为了全心全意为人民服务，是为人类的解放事业——共产主义而斗争。

一九六二年八月八日

今天给一营二连拉粮食。上午八时从下石碑山出车，九时半左右就到达了抚顺粮站。这趟车是副司机开的。因他缺乏驾驶经验，遇到紧急情况，就手忙脚乱起来，因此，轧死了老乡的一只鸭子。我立即叫他停车，向老乡道歉，并给老乡赔偿了两元钱，使老乡没意见，很受感动。

一九六二年八月十日

今天，我认真学习了一段毛主席著作，其中有两句话对我教育最深。毛主席教导我们说："虚心使人进步，骄傲使人落后。"这是千真万确的真理。过去，我在一切言论或行动中，按主席的教导做了，因此我进步了；现在，我仍要牢记主席的这一教导，坚决努力，要求自己更好地做到这一点。

今后，我要更加珍爱人民和尊敬人民，永远做群众的小学生，做人民的勤务员。

我总是能梦见他

余新元

余新元，1923 年出生，甘肃人，原辽阳市兵役局政委。

1959 年冬季征兵，焦化厂召开职工动员大会。当兵吃苦，一部分人是不愿意当兵的。雷锋这时工资是 38.85 元，加上奖金有 40 多元，而部队津贴每月只有 6 元。雷锋说只要是国家的需要，上刀山下火海我也要去，这个眼睛亮亮的孩子在 12 月 4 日的日记中透露了他当时的心迹。

体检开始了，雷锋身高 1.54 米，体重 49 公斤，显然不合格。这没动摇雷锋的决心，他直接找到我，我当时是辽阳市兵役局政委。雷锋说："我从孤儿能成为共青团员，是毛主席给我的第二次生命，也是我报答人民的行动。我要投身到保卫祖国的战斗中去。"我说保卫祖国前方后方不都是为人民服务吗？雷锋很激动："你说的不对，毛主席都说分前方后方呢，现在前方需要我，我要求到前方去。"我是从战

场死人堆里爬出来的，从未低下头，但因为这个与我没有半
点血缘关联却情深义重的小伙子，我要求人了。我不给他创
造条件他去不了，雷锋为什么给了我这样一个决心呢？他
苦，他温儒憨厚善良，旧社会给予他很不公平的人生，新社
会我们对这样苦难的孩子怎能不给他一个发展的机会呢？而
且他的这些都是正义的要求，他不是为了个人的某种私欲，
他是真正透明可爱的人，我应该帮助这个孩子，给他希望，
让他走向他愿意走的光明大道。1960 年 1 月 8 日早晨，雷
锋难以抑制的激动，他在这天成为战士了。雷锋郑重地给我
敬礼："谢谢余叔！"并写下日记。

　　这天是我永远不能忘记的日子，这天是我最大的荣
幸和光荣的日子。
　　我一定不辜负党对我的教育和期望，我决心保持和
发扬我们弓长岭矿全体职工的光荣，军政学习争优秀，
全心全意保卫国防，成为一个优秀的国防军战士。

　　现在雷锋已经走了很多年了，但我总是能梦见他。我总
能看见那个战士迈着大步甩着两臂朝我走来，他一遍遍的告
诉我说他还在当兵，他说他当兵挺好，一切挺好。每次我到
抚顺去，都要给他献个花篮放在他的墓上，表达我这个老年
人对他的爱。

他有一颗感恩的心

庞士元

庞士元，1931 年出生，青海人，原雷锋所在团政治处宣教干事。

1960 年 1 月 8 日，我作为宣传干事，并负有新兵训练中进行政治教育的责任，跟随团首长到营口车站欢迎新兵入伍，在车站举行了简短的新战友欢迎会，欢迎会上团首长讲了话。

新老兵代表也讲了话，新兵代表就是雷锋。

我看见雷锋个子不大，面貌端庄，很有精神，讲话声音洪亮，胸前佩戴着闪光的奖章。回到部队，接兵代表向团部领导介绍情况，就谈到了雷锋。说他个子不高、体重不够，体检不及格，部队不收他。但雷锋一直有个参军的愿望，为此在入伍前还将自己的经历和愿望写了一篇报道，发表在报纸上。武装部的领导给团领导说，雷锋是个不错的人，应该接收下。

167

入伍前，雷锋是一名推土机手。考虑到雷锋身体单薄，同时有着推土机内燃机知识，戴参谋在新兵分配方案中，将其分配到运输连学习汽车驾驶。

团领导说："这个娃娃还不错，就把他放在运输连吧，将来给我们开小汽车。"

雷锋来到营口的那天，心情非常激动。

他想到过去的苦日子，想到今天在党的培养下取得的一切荣誉，便在当日写下这篇日记：

　　这天是我永远不能忘记的日子。这天是我最大的荣幸和光荣的日子。我走上了新的战斗岗位，穿上了黄军装，光荣地参加了中国人民解放军。我好几年来的愿望在今天已实现了，真感到万分的高兴和喜悦，这是我一生最大的幸福。……我渴望已久的参加中国人民解放军的理想实现了，怎么叫我不高兴呢！我恨不得把我的心掏出来献给党才好。

　　晚上我怎么也睡不着，我的心就像大海的浪涛一样，好久不能平静。

　　我，一个在旧社会受苦受罪的穷苦孤儿，居然成为一个国防军战士，得到党和首长的信任，受到战友们的热爱，我真不知说什么好！……在这个革命的大家庭里，首长胜过父母，战友亲过兄弟，这一切只有在党的领导下的人民军队里才能得到。……

　　参加人民解放军，是雷锋中学毕业时的愿望。这天他实现了自己梦寐以求的愿望，他是真心的高兴呀！

雷锋叔叔是我终生难忘的导师

孙桂琴

孙桂琴，1953 年出生，辽宁抚顺人，雷锋辅导过的学生。

每当我想起和雷锋叔叔在一起的幸福情景，就抑制不住自己激动的心情。那一幕幕让我刻骨铭心的记忆场景，时常像潮水一样涌现在我的心头，如此的清晰、生动，就像昨日刚发生过一样。

我和同学大部分都是矿工子弟，家里生活都不宽裕，我刚上小学时正是 60 年代初，国家经济比较困难。雷锋常常教育我们要艰苦朴素，勤俭节约。一次，我们上毛笔课，我忘带本子想回家取，但时间又不允许，正愁的没办法，正碰上雷锋来学校。他知道后，把我领到学校少先队队部，找出一支用线缠好的旧毛笔和两张写过字的纸，用红蓝铅笔在纸的反面画了方格，让我写字用。当雷锋看出我为难的表情，就告诉我，用这样的纸一样能练出好字，爸爸妈妈挣钱不容易，从小就要学会节省，从一点一滴做起。交作业时，老师知道了这一切，把这两张纸贴到黑板上，让同学们看。从此以后我们用本子正面写铅笔钢笔字，背面练毛笔字。

雷锋还亲手做了一个节约箱、一个储物箱、一个针线包，送给了我们班。在雷锋的辅导下，我们还学会了补袜子。开始时我们兴趣不大，特别是针扎手时就更没信心了。雷锋就手把手教我，还让我看他补过的袜子，说搞节约不仅是为了一家一户，更主要是为了国家呀。我明白这个道理以后，自己袜子坏了也不吵着让妈妈买新的了，雷锋知道以后还表扬了我。在雷锋叔叔的帮助下，我学会了补袜子的事和照片，还刊登在当时的《中国少年报》上，这张照片至今还挂在我的母校——抚顺市雷锋小学的展览室里。

1962年4月的一天，雷锋来到建设街小学"少年之家"给同学们上辅导课，同行的还有部队摄影干事张峻，他要拍雷锋和我们同学在一起的照片。大一点的同学争先恐后地要跟雷锋合影，却留下年纪最小的我在一边看书包。我挎着好几个同学的书包站在门边，雷锋一下看到了我，就帮我把肩上的书包一个一个放到一边，然后亲切地把我拉到他身边。因为我个头太矮，进不去镜头，雷锋叔叔同张俊叔叔到门外找来两块砖头，给我垫在脚下，我睁着一双大眼睛，高兴地望着雷锋，随着闪光灯一亮，留下了我幸福的瞬间。

雷锋叔叔作为我们学校的校外辅导员，经常来学校给我们讲故事。记得有一次讲到梦见毛主席的时候，他热泪盈眶，让我感觉到了雷锋叔叔对毛主席的热爱和对党的感恩之情。

《雷锋日记》成为我学习雷锋走好人生之路的教科书。日记就像一面镜子，时刻警醒着我。我先后多次被评为"辽宁省学雷锋先进个人"，优秀校外辅导员，荣获"沈阳军区学雷锋金质奖章"并多次立功受奖。

他影响了我一生

刘　静

刘静，1950 年出生，辽宁抚顺人，雷锋辅导过的学生。

1961 年秋天，我升入了小学五年级。

那天很平常，但现在想起那天实在不平常。

我们五年四班少先队聘请了雷锋叔叔为我们的校外辅导员。

雷锋叔叔来了，他个子不高。

那时五年级的我们总喜欢跑到他背后偷偷和他比个头儿，他比我们高不了多少，他那么爱笑，是的，他爱笑，他眼睛不大但是一双笑眼。一笑两眼就眯成一条缝了，爱笑的雷锋叔叔啊！

这个后来全国人民的偶像就这样到我们中间来了，给我们学习生活带来了生机和快乐，没错，他是我们的大朋友，也是我们的人生导师。

　　有次上美术课，老师要我们自选题目画一张画。我看到韩老师梳着两条辫子很好看，就画了出来。

　　我后面的同学发现了，下课后把我的画贴到了黑板上，大声喊："哎！你们快看，这不是画的韩老师吗？这辫子画得真像！"同学们都围了上来。

　　这一幕被雷锋叔叔看见了。

　　他走进教室，把那幅画揭了下来。我低着头，呆呆的站在那里，他就走到我面前，把画还给我，什么也没说，只是冲我笑一笑。

　　我觉得脸很烫，心跳得厉害。

　　本来是美好的初衷，但是这个举动似乎是不尊重老师。

　　第二天，我和几名同学来到雷锋的营房。

　　雷锋对我说："小刘静，你爱画画这很好，长大了要多画一画祖国的大好山河，画画咱们祖国的社会主义建设，那该多有意义啊！"

　　雷锋叔叔的话深深地铭刻在我的心里，成为我在人生道路上克服困难，勇往直前的动力，打从那以后，我更加爱画画了。

　　不经风雨，长不成大树；不受百炼，难以成钢。

　　迎着困难前进，这也是我们革命青年成长的必经之路。有理想有出息的青年人必定是乐于吃苦的人。

挫折是人生成长的必经之路。

雷锋叔叔对我的教诲影响了我一生，是我人生中宝贵的精神财富。

我没有忘记他的教诲，现在我依然在画画，尤其是国画。近几年，我集中创作雷锋组画。我也像雷锋当年那样关心青少年的成长。

我讲雷锋故事，孩子们最爱听，孩子们也最羡慕崇拜雷锋。我发现他们围拢在我身旁凝望我的目光，与当年我们凝望雷锋的目光，一样。

他是个好学的好士兵

王良太

王良太，1917 年出生，四川人，原沈阳军区工程兵主任。

1960 年，沈阳军区开展了"两忆三查"阶级教育。当时我是沈阳军区工程兵主任，6 月下旬我到工程兵 7 团蹲点。在汽车运输 4 连了解到新兵雷锋家庭很苦，学习热情高，工作积极肯干，模范作用突出，是个典型苗子，便叫连队的基层干部注意培养。

在同雷锋相处的日子里，我翻阅了雷锋写的大量日记。发现他入伍后写的第一篇日记就是要学习董存瑞、黄继光、安业民，把军中三位英雄当作自己的学习榜样。我还了解到雷锋许多助人为乐的先进事迹。例如辽阳地区受水灾，他悄悄寄去了 100 元钱。

那时 100 元对于一个每月 6 元津贴费的战士来说是个不

小的数字，他还给农村一些贫困户寄过钱。

雷锋是个战士，他哪来这么多的钱？

我后来了解，他入伍前在鞍山学开推土机时有点积蓄，平时舍不得花，带到了部队。会议期间，我又主持了党委会，会上作出了授予雷锋"模范共青团员"的称号，政治部门向部队下发了学习雷锋的材料。

11 月 21 日，我和沈阳军区工程兵常委集体接见了雷锋。

我亲自赠送给雷锋一套《毛泽东选集》1—4 卷，并应雷锋请求，在扉页上题词："赠给雷锋同志：虚心使人进步，骄傲使人落后。祝我们共同进步，建设美好未来。"

雷锋接过书后很是感动，眼里泛出了泪花。

雷锋也在我的工作日记本上写下一段话：

> 我一定永远听党的话，听毛主席的话，听首长的话，永远忠于党，忠于人民，做毛主席的好战士。

随后，雷锋把这次授奖大会的感受写在了日记里：

> 在今天的授奖大会上，军区工程兵党委授予我"模范共青团员"的光荣称号，我真感到十分惭愧。我为党做的工作太少了，仅仅尽了一点点本身应尽的义务，党和人民却给了我这么大的荣誉。
>
> 回想起我在旧社会没吃没穿、挨打挨骂，辛辛苦苦

地劳动，所得到的是满身伤痕。是慈祥的母亲——中国共产党把我哺育大的，要是没有党和毛主席，就没有我的一切。

今天我所取得的这一点点成绩，应归功于不断培养教育我成长的党和毛主席，应归功于热情帮助我进步的同志们。

我决心继续努力，保持荣誉，发扬光大……

这次蹲点，我同雷锋结下了深厚友谊。我第一眼见到雷锋时，就很喜欢他。我不仅把他当作自己的战士，还当作自己的孩子。

雷锋也觉得我这位老首长没大官的架子，愿意接近我，跟我说心里话。不久，雷锋跟车路过沈阳时，特地去我家看望我。

我与爱人留他吃饭，雷锋谢绝了。

在那个粮食紧缺的年代，他见我家子女多，口粮供应少，便饿着肚子匆匆走了，我们夫妇现在想起心里还特别难受。

雷锋爱读书，每次都会带走几本书，下次来的时候再还回来。

我和雷锋之间没有领导对部属的训示，没有长者对小辈的指教，有的是战友之间感情的交流和互相的勉励。

这样好学的好士兵啊，我真的想念他。

（徐明根据《雷锋身边的人》中内容整理）

雷锋为什么能拾那么多粪？

李长宁

李长宁，1949 年出生，少年在抚顺建设街小学读书，雷锋担任该校辅导员。

1960 年 10 月，雷锋担任我们抚顺市建设街小学（现在的抚顺市雷锋小学）辅导员，那时我正在读小学三年级。有一天雷锋叔叔给我们全校师生作报告，我听得入神，这样我就认识了雷锋叔叔。

50 多年前的中国，百姓文化娱乐生活特别少，放电影的俱乐部就成了孩子们的最爱。当时俱乐部南面有片小树林，许多看电影的人就把小树林当成了临时公厕。

1961 年的寒假，我和同学清早起来就跑向俱乐部，看看是否有新上映的电影。走到小树林，影影绰绰见林子里有人走来走去。

走近一看，这不是给我们作报告的雷锋叔叔吗？

他正用铁锹在捡粪，旁边放着个扁担和两个土篮。当时我就想，雷锋肯定是利用新年放假的时间给合作社收集粪肥。看到雷锋叔叔干得那么专注起劲，我们也学着雷锋叔叔的样子，在树林里找起粪堆来，"这儿有一堆儿"、"那边还有一堆"。我们几个小伙伴在树林里跑来跑去，一会儿工夫就帮着雷锋叔叔把两个土篮装满了。

令人非常气愤的是，一些别有用心的人抹黑雷锋。他们说雷锋在1961年2月15日写的大约捡了300来斤粪的日记是假的，抚顺人怎么那么不讲卫生，哪有那么多大粪让雷锋去捡呢？

他们不了解当时的社会经济状况。20世纪50—70年代初，国家社会经济都很落后，举国上下百废待兴。国家面临的最大问题是解决4亿5千万人民吃饭问题，粮食生产成为头等大事。俗话讲，"庄稼一枝花，全靠粪当家"，农家肥是农民种粮食蔬菜必不可少的肥料。况且当时我国的化肥工业很落后，不仅化肥品种单一且严重短缺。国家发出开展群众性积肥的号召，当时的口号是：散粪成堆，城粪下乡。所以，经常有农民到我们居民区捡粪。每年寒假，学校也号召学生多积肥，支援农业生产。

当时的抚顺望花区只有两条柏油路，交通工具也只有一路公共汽车，人们出行和运输的主要交通工具是马车牛车驴车，街道上的马粪牛粪驴粪还是很多的。那时养鸡的人家很多，鸡粪也成为农家肥的来源。

可见，一个劳动力一天捡上200斤粪肥是很正常的事情。

他是思想上进的好小伙子

高士祥

高士祥，1928年出生，辽宁人，雷锋所在连指导员。

我和他接触得多了，发现他非常勤快，没有休息的时候。我从没见过他闲扯，一有空就帮人干这干那。

还有就是热心，谁有困难他就帮谁解决。我问他："雷锋，你为什么这样做？"雷锋想想说："我也不知道怎么回事，我就知道我生在旧社会，成长在新社会，只知道共产党好社会主义好，我这样做，就觉得很幸福。"

1960年11月7日，沈阳军区工程兵部队召开政工会议。会议期间，谈到了雷锋的入党问题。上午，团政委韩万金让我尽快召开支部大会，讨论解决雷锋的入党问题。我当天下午返回抚顺召开了支部大会。由我宣读雷锋的《入党志愿书》，大家一致同意雷锋入党。我和连长是他的入党介绍人。

我在入党介绍人一栏里郑重写道："雷锋同志牢记我党

宗旨，全心全意为人民服务，爱憎分明，有坚定的政治立场，我自愿介绍雷锋入党。"11月9日上午，营党委批准运输连党支部吸收雷锋入党的决议。9日下午通知雷锋，让他找我。雷锋在门口喊着："报告。"他进来了，立正敬礼报告："我来了。"

我从床头柜里拿出他的入党志愿书给他看，他的眼睛紧紧盯着不挪开。"雷锋，从现在起，你就是中国共产党的党员了。"我严肃地说。他好像久别母亲的孩子扑到妈妈怀里一样"哇"地哭了，我们在场的几位指导员全都被雷锋对党的赤诚感情所感动。雷锋用手翻动着他的入党志愿书，哽咽着断断续续地说："我终于是共产党员了，党是我的生身父母，今后我坚决听您的话。"

1960年1月入伍，当年7月上报的发展党员名单全团有100多人，运输连的雷锋是唯一一名新兵。这一天，雷锋在日记里记录了他激动的心情，写下了1961年1月8日的巨大幸福。

雷锋入党后更加严格地要求自己，思想成长很快，进步也很快，政治觉悟更高了。

（徐明根据《雷锋身边的人》中内容整理）

他是人民推选的好代表

赵玉瑞

赵玉瑞，1927年出生，原雷锋所在团政治处组织股长。

1961年春，我所在团到抚顺县上哈达地区施工，正巧与雷锋所在运输连有工作上的接触。

有天连指导员高士祥向我反映一件事。抚顺市即将召开第四届人民代表大会，基层群众都推选雷锋当市人民代表。当时一合计，这事我可定不了，于是立即回到上哈达，向韩万金政委汇报这件事。韩政委听完汇报后说："这下好办了！"原来他也正在考虑怎么产生人民代表这件事呢！

他说，雷锋在人民群众中做了很多好事，人民群众提出推选他当人民代表，这是民意。当时由于部队施工任务繁重，如果让班排连营层层选举，根本没有那么多时间。

经过团里几个领导研究商量，决定提议以望花区人民的名义推举雷锋为全团唯一的候选人，征求全团干部战士同意即可。

第二天，团里召开全团施工动员大会。

这时坡上坡下，叽叽喳喳地议论了一会儿，我看议论的也差不多了，高声喊道："选举雷锋同志为抚顺市第四届人民代表，大家有意见没有？"全团一千多人异口同声地回答："没有。"并且都举起了手。

我在台上看到雷锋坐在队伍的前面，他没有举手。会上一致通过选举雷锋为抚顺市第四届人民代表。雷锋站起来，先给台上敬个礼，转过身给全体同志敬个礼，说："首长和同志们信任我，我不会辜负这种信任的……"

随后，7月27日那天，运输连指导员把抚顺市人民委员会的通知书交给了雷锋，雷锋正式当选为抚顺市第四届人民代表。

1961年8月3日，抚顺市第四届人民代表大会第一次会议召开。参会后的雷锋心潮澎湃，当日便写下这样一篇日记：

> 今天是我永远不能忘记的日子，我光荣地参加了抚顺市第四届人民代表大会第一次会议。
>
> 像我这样一个孤苦的穷孩子，能够参加这样的大会，心里有说不出的高兴和感激。

雷锋到照相馆拍下一张照片。照片上的雷锋戴着奖章，手拿人大会议的材料袋。

这天，雷锋还作了一首诗，写在这个文件袋上：

　　过去当牛马，今天做主人。参加代表会，讨论大事情。人民有权利，选举自己人。掌握刀把子，专政对敌人。衷心拥护党，革命永继承。哪怕进刀山，永远不变心。

会后，抚顺市领导给每个代表送了一斤苹果，这在当时是非常珍贵的礼物。雷锋舍不得吃，会议一结束，他就把苹果送给了住在团卫生连的伤病员。

（徐明根据《雷锋身边的人》中内容整理）

雷锋给了我一张小照片

范元明

范元明，河南省邓县人，与雷锋同年入伍，曾任雷锋生前所在连文书。

雷锋1961年10月15日那篇日记我至今难以忘怀。

记得那是1961年10月的一个星期天。我和连里两个辽阳籍战友去服务社买日用品。返回途中路过运输连，他俩说："咱们一块去找雷锋玩一会儿。"我惊喜万分："你们认识雷锋？"他俩告诉我，他们和雷锋同时入伍的，与雷锋在一个新兵班学习训练生活过，有深厚战友情谊。于是，我们一起向运输连走去。走进运输连门口，我一眼看到雷锋正在水池边洗东西。赵纯业问道："你怎么星期天不休息，洗这么一大堆衣物？"雷锋回答说："几个同班战友出车了，我趁空把他们的床单洗洗。"

雷锋边说边擦手把我们往宿舍里让，我们坐在床边畅谈起来。谈话间，雷锋指着我问："他是你们连的？"战友说："对，还是一个排的呢，他叫范元明，邓县兵，晚咱们几个月入伍。"雷锋笑了，兄长一样地笑了："咱们都是从五湖四海来到部队，从老百姓到部队，是革命征途上的一个新起点，是人生道路上一个转折点。"并鼓励我要遵守纪律服从命令，听从指挥勤学苦练，当一个合格的军人，我连连点头。我们要走了，雷锋说："我们是老战友，元明是新战友。"他拿出相夹，取出一张小五分照片递给我："这张照片送给异乡战友，我们是阶级兄弟，让革命友谊像松树一样常青永存。"我激动地双手捧过照片正想往口袋里装，两位战友同时说："不如请雷锋在照片上留个字，这样更有意义。"雷锋又拿过照片，在背面写道："赠给范元明战友。雷锋战友"。两行字。

这张珍贵照片成为雷锋留给我永远的纪念。几十年来我这样叮嘱自己，我是雷锋战友，绝不给雷锋抹黑。

（魏兵　根据回忆录整理）

他才是我学习的榜样

廖初江

廖初江，1936 年出生，湖南人，原沈阳军区某部指导员。

我与雷锋的第一次见面是 1961 年 2 月 20 日。

那天雷锋在沈阳军区工程兵政治部助理员张峻的陪同下，来到吉林省四平市访问我。我和雷锋一见面，仿佛是久别的亲人再相逢。

我们都是湖南人，真是老乡见老乡，两眼泪汪汪。你看着我，我看着你，很久也没有说出一句话。我们俩人的个头都不高，只是我瘦点，雷锋胖些。谈起话来特别投机，大有相见恨晚之感。

雷锋在日记中记下了这段美好时光：

> 廖初江战友也来了，我见到他，真感到格外的高兴。

　　我紧紧地握住他的手不放，一同走出车站，乘小吉普车来到他们师部招待所。首长对我无微不至的关怀和热爱，我真不知说什么好，只被感动得满眼含着热泪。

　　我和廖初江战友挨着坐在一条凳子上，他的手很自然地搭在了我的肩上。他和我亲切地谈起了家常话，他给我签了字，同时，张助理员还给我们拍了一张照片。

　　我把雷锋安排到部队的招待所。

　　刚一落座，雷锋就从挎包里掏出笔记本说："我是来向你取经的，你可得好好帮助我啊！"雷锋对我说，入伍的第三天，他就在《解放军战士》上看到了我的事迹，从那时起，我就成为了他的榜样。

　　雷锋羡慕地问我："咱们是湖南老乡，为什么廖大哥会取得那么大的成绩，而我停止不前呢？"我笑着对雷锋说："你也有很多地方值得我学习呀！"雷锋如饥似渴地向我请教学《毛著》的经验体会。而我也不以名人自居，毫无保留地把自己的学习体会传授给雷锋。

　　那天，我和雷锋一直谈到了深夜。

　　采访的第二天，我又请雷锋来到三连，访问了三连战士中成立最早的学习毛主席著作小组。

　　晚上，三连军人委员会举行了欢迎晚会，我和雷锋在晚会上还互赠了纪念品，互相题词留念。

　　就在这短短的两天时间里，我和雷锋互相交流学习和工作的体会。

当时，在军事训练上正推广"郭兴富训练法"，作为学《毛著》标兵第一人的我在军事训练考核上成绩不过硬，尤其是射击成绩很难达到优秀，一般都是良好，为此，我心急如焚。

这次和雷锋相见，我发现雷锋在军事训练考核上成绩上很过硬，从心里佩服雷锋，就紧紧地抓住这个难得的机会，甘当小学生，虚心向雷锋请教。而雷锋也耐心地手把手地教，面对面地传。

短短的三天时间，白天雷锋在操场上帮助我练射击投弹、讲战术。到了晚上，就由我给雷锋讲学《毛著》的心得体会和方法。

这次我的军事训练考核成绩有了突破性的进展，同时前来取经的雷锋也满载而归。离别时，我送给雷锋一套《毛泽东选集》，又亲手为雷锋戴上了毛主席像章。

我与雷锋一共有五次见面，雷锋先后写了十七封信给我。他还将我摸索出的"早起点，晚睡点，多看点，少玩点，多写点，勤想点，遇见师傅就问点，总结收获及时点，加紧工作挤出时间多学点，夜战星期六，不放星期天"的一套忙里读书法凝练成了著名的"钉子精神"。

有些人说工作忙、没有时间学习。我认为问题不在工作忙，而在于你愿不愿意学习，会不会挤时间。

要学习的时间是有的，问题是我们善不善于挤，愿不愿意钻。

一块好好的木板，上面一个眼也没有，但钉子为什么能钉进去呢？这就是靠压力硬挤进去的，硬钻进去的。

由此看来，钉子有两个长处：一个是挤劲，一个是钻劲。我们在学习上，也要提倡这种"钉子"精神，善于挤和善于钻。

（徐明根据《雷锋身边的人》中内容整理）

今晚这电影看得真过瘾

宋清梅

宋清梅，1942 年出生，河南邓州人，雷锋战友，雷锋生前所在团第九任团长。

1960 年我 20 岁，这年八月我参军入伍，被分配到沈阳军区工程兵十团，与雷锋是一个团，1962 年沈阳军区召开首届共青团代表大会，我被推选为代表。雷锋也作为特邀代表参加会议。2 月 16 日上午我在团部见到了雷锋。雷锋很热情，边握手边说：“我们这次去一定要好好学习，不辜负首长和全团共青团员对我们的期望和要求。”

1962 年 2 月 18 日，我们出发去沈阳。那天车上人不算多，雷锋把挂包放在茶几上就忙个不停，不是帮乘务员打扫卫生，就是给旅客倒开水，真是后来人们说的雷锋走了一路，好事做了一车厢。忙完又打开挂包，拿出《毛泽东著作选读本》。看我在看风景就问：“你带书没有？”我说：“只带了笔记本和牙具。"他摇摇头："坐火车也是学习的好机会，我们当驾驶员的学习时间太少了。"这时，我已感到自己和雷锋的差距所在。到沈阳军区二所报到住下后，我们恰好住在一个房间，安排好一切，已是下午3点半。雷锋说："咱们到街上看看，顺便再买点书。"我们经过电影院门前，那里正上映新戏曲故事片《三打白骨精》。雷锋就笑眯眯地说："这是个新片子，咱们去看看吧。"看完电影雷锋说："这个电影太好了，政治性、思想性、艺术性都很强。"我说："今晚这电影看得真过瘾，钱没有白花，水平太高了。"一直到睡觉前，对影片的评价成了我们俩的中心议题。雷锋说："这部影片现实教育意义也很大，特别是对那些对帝国主义抱有幻想的人是一个极好的教训。"随后他拿出日记本，"我得把看电影的感受写出来。"也就是后来人人皆知的1962年2月×日的那篇日记。那天我躺在床上好久没睡，感到雷锋认识水平分析能力太强了，自己和他差距实在太大了，我对雷锋的烙印，在那夜，就更深了。

第二天早晨，我还没起床，雷锋就出门了。等他回来我说："雷锋，快洗脸，要吃饭了。"雷锋说声好就不见了。我想雷锋是特邀代表，是不是在小食堂吃饭了。结果我快吃完了，忽然发现他在炊事班帮着端盆子，刷盘子，他真是一会儿也闲不住。那天会议上，我看见雷锋发言。讲到苦难家史时，他泣不成声，会场所有人无不流泪。军区副政委把手绢递给雷锋擦眼泪。雷锋讲到如何学习，如何全心全意为人民服务的先进事迹时，又多次被与会代表的掌声所打断。

　　今天是我永远不能忘的日子。像我这样一个穷孩
子，能光荣地参加这次沈阳部队召开的首届团代会，感
到万分的激动……

　　会议开了九天，我们俩也整整住了九天。白天一起开
会，晚上一起讨论，你能想象我们之间的感情有多深厚。会
议结束的前一天，我请雷锋在纪念册上签字留念。雷锋思
索了一下，写道："亲爱的宋清梅同志，送你几句话，一个
革命者，就应该把自己的毕生精力和整个生命为人类的解
放事业——共产主义全部付出。"我说："太好了，谢谢你的
鼓励！"雷锋说："这是我们的共同目标，还有，千万不要因
为出席了一次团代会，就骄傲自满，止步不前。"转眼到了
8月9日，我们新兵连邀请雷锋到连队作报告。我在新兵连
当班长。开会前见到了雷锋，像久别重逢的亲兄弟一样高
兴至极，雷锋掰着手指头说："在沈阳开会到现在快半年来
了吧！"我说："可不，今天不是请你来作报告，还不知道啥
时能见到呢？"雷锋又问："你现在的工作情况怎样？"我说：
"从会议后，我就决心以你们这些先进为榜样，学习、工作
更加刻苦、积极，我已写了入党申请书，争取早日和你一样
成为一个党员。"雷锋又问："和团代会的其他代表有联系没
有？"我说："没有，不好意思和那些代表通信，觉得自己和

他们差距太大了。"雷锋说："争取早日入党是一个革命者的志向和目标，入党的目的就是要把自己的精力和整个生命献给党的事业，献给人民。向先进同志学习主要是使自己看到差距，从而通过努力缩小差距来提高自己，这样才能使自己的思想和行为始终和党一致，才能做到真心诚意为党的事业奋斗一生，为人民服务一生。"

万万没有想到的是时隔6天，8月15日，雷锋牺牲。这次谈话，也成了他给我的最后赠言。

这赠言，也成了我半个世纪传播雷锋精神的执着坚守。

他心中时刻装着人民

张万江

张万江，1930 年出生，原辽阳市委办公室副主任。

1960 年 8 月 4 日，辽阳遭受百年不遇的特大洪水袭击，灾情严重。在紧张的抗洪抢险救灾中，8 月 28 日辽阳市委办公室接到雷锋从部队寄来的一封信和一张绿色汇款单。在信中，雷锋表达了对辽阳的牵挂，希望辽阳市委能够收下他的 100 元钱。汇款单是从抚顺部队寄来的，汇款金额为 100 元，落款是雷锋。随信还寄来他本人的全身照一张，照片是 4 寸立姿、拉手风琴的黑白照，照片上写有"青春之歌"四个字，照片背面有雷锋亲笔题字——赠给：辽阳市委留念　7343 部队 15 分队雷锋（名章）60.9.28。

在汇款单附言里，雷锋写道："我是从辽阳参军入伍的，辽阳是我的第二故乡。辽阳遭受水灾，作为一名中国人民解放军战士，我要挺身而出，以实际行动来支援灾区人民。"

当时我任市委办公室副主任。因为那时辽阳市委还没有发出为灾区捐款的号召，于是我们向领导请示。领导看过汇款单和信件，很受感动，但同时认为，部队战士每个月的津贴只有几元钱，要攒100元钱至少得一两年，他们实在不忍心收下雷锋寄来的钱，经研究决定：对雷锋关心家乡灾情表示感谢，心意收下，款项返回，给所在部队及其本人写一封感谢信。

按此安排，由秘书科胡乃章同志负责办理。信函起草后，经我和资料科科长段景仁同志研究修改、充实形成了一封约600字的感谢信。

这件事雷锋写在了1960年8月20日的日记里。

我在雷锋面前仰望过他

吴帅民

吴帅民，1942 年出生，河南邓州人，雷锋生前所在团教导员，沈阳军区第二工区政治处主任。

我比雷锋小两岁，入伍前是村里的治保主任。

1960 年发生了自然灾害，邓县是重灾区。听乡亲说部队吃饭不定量，为了吃饱饭，我报名参了军，被分到团防化连。

1961 年春节刚过，雷锋来到营口营房。在技术营礼堂，为留守营口的战友及随军家属作"两忆三查"教育典型引路报告。雷锋在旧社会受尽阶级压迫，四年痛失五位亲人，七岁就成为孤儿。解放后党抚养他长大，送他上学培养他成才。雷锋的身世和成长经历，在我们那一代人中是有普遍性的，在我心里产生了巨大的震撼和共鸣。报告会后，1961 年 2 月 1 日，班长安排我到连部参加了雷锋同志给学毛著先进分子介绍学习经验座谈会。当时，十四五个人挤在连部里，我仔细观察着心目中的标兵。雷锋个子矮小，不到一米六，体重看样子也不会超过100斤，带着火车头帽子，穿着大头棉靴，系着皮腰带，人清瘦，却显得很干练，眼神闪烁着青春的活力。雷锋手上只有一个日记本，写着发言提纲。我记忆最深的是雷锋谈学习《中国社会各阶级的分析》《纪念白求恩》的体会，使他懂得了做什么样的人和怎样做人。雷锋的演讲语言流畅，言辞简练，逻辑清晰。雷锋讲到的书目，谈到的名词观点，以及他个人的心得体会，是我闻所未闻的，听后令人振奋。雷锋在这次报告期间，吃住就安排在我们连。当时，中国正处在三年困难时期，部队为支援地方作出了巨大牺牲。为节约粮食支援灾区，我们连一个士兵一天的主粮由正常的1斤5两减省到9两，还要求我们自己报量。开饭时，一人一盒稀饭，一口气就能喝完。就在雷锋来作报告的前六七天，我曾因饥饿晕倒在哨位上。原指望到部队能吃个饱饭，谁知道照样挨饿，大家的情绪都很低落，尤其是我，脑子里一片迷茫，困惑和不解。而雷锋每天只吃六两，是我们连队自报口粮最少的。但工作起来却有使不完的劲儿。雷锋说："毛主席说，我们的同志在困难的时候，要看到成绩，要看到光明。事物都在发展变化，任何困难都是可以克服的，信心就是战胜困难的力量。"

在这段与雷锋短暂相遇的日子里，我内心受到深刻的启迪。当饥饿威胁我们的时候，大家的情绪都很低落，而雷锋却为何能以乐观主义的精神战胜饥饿？答案是：人得学习，人不学习就要落后。只有学习才能提高觉悟，才能进步。崇高的理想信念来自最科学的理论，坚定的思想必然产生顽强的意志，人得学习，一个人不学习就如同一堆废铜烂铁，学习可以化腐朽为神奇。崇高的理想信念来自于科学的理论，坚定的理想必然产生顽强的意志。这一点影响了我数十年。

我在雷锋面前仰望过他，在雷锋后面追赶过他。

这一辈子啊，如果没有听过雷锋报告，我也就是一个普通的青年，普通的老汉。

（肖燕根据回忆录整理）

我记住了风雨中的雷锋叔叔

徐福斌

徐福斌，1956 年出生，辽宁人，雷锋"雨夜送大嫂"的亲历者。

雷锋在 1962 年 5 月 2 日写的那篇"雨夜送大嫂"的日记，在全国广为传颂，几乎无人不知无人不晓。雷锋送过的大嫂是我的母亲纪玉春，我是当年被雷锋抱过的那个孩子。

1962 年，我还是一个 6 岁孩子，离开故乡后辗转千里落户在甘肃天水。那年 5 月，母亲带我们兄弟俩从黑龙江回辽宁老家，下车后步行经过下石碑山村时，雷锋看到我们母子三人在风雨中艰难前行，主动把我们送到章子沟我爷爷家。当时他抱着我一路走，一路唱着《我是一个兵》。现在回想起来，雷锋个子不高，却像一团火焰，让人感到温暖。雷锋去世后，母亲找人把雷锋帮助我们母子的感人事迹写稿子刊登在《哈尔滨经济日报》上，母亲多次领着我们兄弟俩外出作报告，宣传雷锋精神，7 次

201

被哈尔滨市和天水市评为"学雷锋先进个人"。1976 年，我也接过了雷锋的枪，参军入伍，也成为一名汽车兵，我时刻激励自己以雷锋为榜样，做雷锋式的好战士。

2016 年 10 月，铁岭雷锋纪念馆落成。我再次回到辽宁，重走了一遍 55 年前那个风雨之夜，在雷锋陪伴下走过的路。该馆建在当年雷锋送我们母子的起点上。馆内用全息影像方式重现了当年情景，我又回到了 50 多年前的那个风雨夜，心潮澎湃，世事沧桑之感顿生。现在我已花甲之年，"雨夜送大嫂"的亲历者仅剩我一人。雷锋、我的母亲、弟弟都已离世，但因为雷锋，我永远记住了这条路。这条路也成为我人生的转折点。因为雷锋精神已经在我心里扎根，它指引我一生清白做人，努力上进，乐观面对生活中所有困难和挫折。

他在我心中永远是高大的

虞仁昌

虞仁昌，1929年出生，浙江人，雷锋生前运输连连长。

我这一辈子很幸运，也很
幸福。我最大的幸运和幸福
是，我当连队干部的时候，遇
到了雷锋。

我一辈子遇到过很多好
人，但我认为最好的好人还是
雷锋。

1960年，雷锋入伍，我当
时是副连长，负责接待新兵。

我代表连里到团司令部接来雷锋等新兵，第一次面对这
张可爱的笑脸。雷锋个子不高但精神饱满，那张春天般的笑
脸使我记忆深刻。雷锋在连里两年半的时间里，我始终和他
在一起，同他多次谈话。

雷锋的日记中就记录着这样一次谈话内容。

今天连长找我谈话，句句打动了我的心。

他说:"火车头的力量很大,如果脱离了车厢,就起不到什么作用。一个人做工作,如果脱离了群众,就会一事无成……"

连长的话给了我很大的教育和启发,使我懂得了一个人只有和集体结合在一起才能最有力量。

1961 年 3 月,连里发枪,他在日记中表达了保家卫国的决心。

今天,连长发给我一支新枪。我真像得到了宝贝一样,乐得连话都说不出来。

……

这支枪是我的,是革命给我的!要想从我这里夺去,我宁愿战斗而死! 对党和人民要万分忠诚,对敌人越诡诈越好。

1962 年夏天,东南沿海形势骤然紧张,战争一触即发。正在外地执行任务的雷锋每天擦拭着心爱的枪,准备上前线。

一天夜里,雷锋带着请战书赶到抚顺连队驻地恳求我说:"请批准我上前线吧!"我笑道:"你不正在山区施工吗?怎么又要求到前线去?"雷锋说:"我要求到福建前线去! 连长,你最了解我的心啊!"

他掏出请战书递给我，上面写道：

我坚决要求上前线，杀敌报仇！

消灭蒋匪帮，保家卫国！请上级批准吧！

战士　雷锋

我拍拍他的肩膀，让他先回去休息，并提醒道："雷锋，前方后方都是为了打仗。你是共产党员，干什么都要考虑全局，听从指挥。"

几天后，运输连受领了新的国防施工保障任务。

雷锋召集全班作了战前动员："同志们，我们虽然不能上前线杀敌立功，但国防施工任务同样是为了战胜敌人。我们汽车兵，保证好安全，完成好任务，就是对前方战友最实际最有力的支持。我们要像打仗一样干好每一件工作。"雷锋毫不利己、专门利人的精神处处表现在日常生活中，连队接到感谢、表扬或表示向雷锋学习的信装满了两个大纸箱。

雷锋那张充满自信、坚毅和幸福感的笑脸，时刻出现在我的眼前，时间推移，愈加光芒四射。但是不幸的是，1962年8月15日，我最后一次面对的这张可亲可爱的笑脸停止了呼吸。雷锋和我谈话后不到十分钟，就因意外受伤救治无效，因公牺牲了。

50年了，我回忆起雷锋仍然动情，他在我心目中永远是高大的。

做一颗永不生锈的螺丝钉

刘思乐

刘思乐，原沈阳军区炮兵部队炊事班班长。

1962 年 2 月，沈阳军区首届共青团代表大会闭幕。

我与雷锋等同志组成了沈阳军区青年演讲团，巡回为军民作报告，同住在沈阳军区第一招待所 316 房间。我恰巧和雷锋床挨床住着。

晚上，我与雷锋一起学习《为人民服务》，共同讨论人生价值。我对雷锋说："做螺丝钉的演讲也有上百次了，有些听我演讲的人都忘了我叫刘思乐，就叫我螺丝钉。"雷锋高兴地说："这是一种政治荣誉，祖国建设正缺少你这样的螺丝钉，说真的，我还羡慕你有个螺丝钉的名字。"他又看了我的发言稿，带着商讨的口气说："你做一颗不生锈的螺丝钉的标题，要是加上一个'永'字该多好啊！这样既生动又感人，又鞭策自己。做一颗永不生锈的螺丝钉，是无产阶级勇于进取，不断前进精神的形象表达。"我递上钢笔，雷锋一笔一画地在不生锈前面写了一个"永"字。我激动地说："你加了一个'永'字，真是一字值千金啊！"我向雷锋请教如何当好螺丝钉。

他对我说："一个品格如螺丝钉一样的人，最重要的是应牢记全心全意为人民服务的宗旨，把热爱人民的情倾注在自己所担负的工作上，在岗位上争创一流，多作贡献。"我连连点头。

雷锋又深有感触地说："在人类历史长河中，平凡普通者起着螺丝钉作用，伟人精英们所起的也仍然是螺丝钉的作用。螺丝钉精神不仅是我们这一代的需要，而且应该代代相传，在五彩缤纷的世界上有一条螺丝钉之路。"

雷锋的一生，正是革命螺丝钉精神的生动写照。为后人谱写了一首螺丝钉赞歌。

雷锋不止一次在日记中写下了对螺丝钉精神的深刻思考。

　　虽然是细小的螺丝钉，是一个细微的小齿轮，然而如果缺了它，那整个机器就无法运转。一个人的作用，对于革命事业来说，就如一架机器上的一颗螺丝钉。机器由于有许许多多的螺丝钉的联接和固定，才成了一个坚实的整体，才能够运转自如，发挥它巨大的工作能力。螺丝钉虽小，其作用是不可估量的。

　　我愿永远做一个螺丝钉。

螺丝钉要经常保养和清洗，才不会生锈。人的思想也是这样，要经常检查，才不会出毛病。我要不断地加强学习，提高自己的思想觉悟，坚决听党和毛主席的话，经常开展批评与自我批评，随时清除思想上的毛病，在伟大的革命事业中做一个永不生锈的螺丝钉。

在巡回报告结束分别之际，雷锋在我的纪念册上写下赠言：

让我们携起手来，做一颗永不生锈的螺丝钉。

战友　雷锋

从此，"做一颗永不生锈的螺丝钉"成了我终生的奋斗目标。

他是我的好兄弟

乔安山

乔安山，1941 年出生，辽宁人，与雷锋共同于 1960 年 1 月从弓长岭参军入伍。

　　我和雷锋曾经同在鞍钢的弓长岭铁矿工作。后来，我与雷锋一起参军，被分配到同一连同一班，开同一辆车。我文化程度较低，也不爱学习，挺调皮的。雷锋看在眼里，便主动给我买纸笔学文化，我挺高兴。那会儿我爱抽烟，把雷锋给我买的本撕下来当卷烟纸，不仅自己卷烟抽，我对别人也有求必应，谁来找我要卷烟纸，我都会从本子上撕一张，结果到雷锋检查作业的时候，本子已经没了。因为我识字并不多，是雷锋帮我写家信。

　　1961 年的冬天，马上到元旦了，连里上上下下都沉浸在迎新年的欢乐中。可我的心情却很沉重，因为我母亲生了重病。雷锋发现我心情不好，打听之后，知道了我母亲生病的事。他就拿出节省下来的 10 元钱，还买了些点心，让我拿回家看望母亲。我当时特别感动。雷锋也把这件事情写在了 1961 年 12 月 30 日的日记里。

　　母亲来探亲时告诉我，我寄给家里的钱都收到了，都用在买药治病和修房子上了，解决了家里的大问题，说这钱寄的太及时了。我很纳闷，我没给家里寄过钱啊！后来，我想明白了，肯定是雷锋寄的。雷锋经常帮我念家信回家信，知道我家里的困难，就瞒着我给家里寄钱。一共寄过三次，共 60 元钱。我和母亲都十分感动。我找到雷锋，不让他再寄钱，雷锋平静地说："我是孤儿，没有家，安山的妈就是我的妈，母亲有困难做儿子的能不寄钱吗？"我母亲知道后非常感动，说："安山要向雷锋学习，雷锋是一个多么懂事的孩子呀！"感动至极的母亲挤出时间给雷锋做了一双新鞋。刚做完，雷锋就牺牲了，没有穿到，我母亲大病一场。能够遇到雷锋这样的好班长是我的荣幸。

　　在我心里，雷锋是我的兄弟，是我的亲人。

他是真正节俭的人

杨丰普

杨丰普，1958年3月入伍，雷锋生前所在连司务长。

雷锋在1961年4月30日和1962年5月8日分别写了两篇日记，反映的都是为支援国家建设，少领服装的事。

读到这两篇日记，我感到特别亲切，因为那是我亲身经历的事。

1961年3月，廖光旭司务长调到后勤处当助理员后，我接他当连队司务长。4月30日，我组织给全连官兵发夏装。

按规定，每人发两套军衣、两套衬衣、两顶单帽、两双袜子、一双胶鞋、一双布鞋、两条毛巾等。发到雷锋时，他说："司务长，我领一套就够了，剩下的各一套都交给国家，以减少国家的开支，支援国家建设。"我非常感动，立即将这一情况报告指导员。

后来又将这一情况呈报给了团后勤军需股。

到了第二年的 5 月 8 日发服装时，雷锋还是像上一年那样只领一套服装，其他的依旧上交国家。我说："雷锋你还是改领两套吧，这样你不是有换洗的衣服吗?"雷锋对我说："穿破的衣服再修补一下，也比我过去披的破烂衣服要好上千倍啊!"

我和雷锋在一起相处两年零八个月，感情很深厚。

每次雷锋出差回来报销，我都催他赶紧把出差补助费报了。

但是雷锋从来没有报过补助。雷锋说："司务长，我去对方单位已安排食宿了，部队这份出差补助我就不要了，给部队节约开支。"

我晚上需要整理账目，没有规定房间熄灯时间。雷锋白天执行任务，晚上回来怕影响战友休息，经连首长同意，他就到我办公室看书学习，写日记写心得。那两篇日记就是发服装的当天晚上雷锋在我办公室写的。

1962 年 5 月 8 日，是我最后一次给雷锋发服装。

回忆与雷锋朝夕相处的情景，他节俭的美德无时不在激励我，我这辈子就向雷锋那样，做个真正节俭的人。

我总是看到一个个头不高
潇洒活泼的战士

韩振马

韩振马，河南人，雷锋战友，雷锋牺牲时他就在现场。

新兵训练结束后，我同30多名新兵一起分配到了运输连。下连后的几天里，我总是看到一个个头不高，非常精明，潇洒活泼的战士，每顿吃饭前，总是站在队列前，操着一口湖南腔指挥大家唱歌，开饭时为全连读报。

不久，我知道他叫雷锋。

当时我们全连住在一栋大筒子房内，南北双面上下铺。雷锋在运输排，住在南面下铺；我在汽训排，住在北面上铺。他给我留下最深的印象是：一是雷锋特别爱学习。每天出车回连队没到开饭时间，他不是看报就是读书；节假日里，也大多是在连队看书或者是在写日记；外出执行任务或开会，我总见他背着挂包，里面带着书，一有空就看书学习。雷锋牺牲后大家才知道他写了那么多学习心得体会和日记。

二是雷锋勤俭节约，处处为国家着想。那时正值国家三年自然灾害，生活非常困难。每年部队发服装时，他总是少领一套军装、一套衬衣和一双袜子。后来，我也学着他少领一套。

就像他在 1962 年 5 月 8 日的日记中写道的："为了和人民群众同甘共苦，减轻人民的负担，共同克服目前的困难，我只领了一套单军装、一双新胶鞋，其他用品也少领了……"他袜子衣服破了，补了又补，缝了又缝，战友们还戏称他的袜子是"千层底"。在班里，他还钉了个节约箱，带头并号召全班将螺丝、铆钉、旧牙膏皮等废旧物品捡回放到节约箱里，能用的就用，不能用的卖给废品收购站。把钱用作班里的文化活动经费。

他出车拉水泥，每次回来总是把撒落在车上的水泥扫起来，集攒多了，再送回工地，这都是我亲眼看到的。雷锋乐于助人，别的战友出车，我多次看见他帮人家洗衣服、洗床单，有时帮战友拆被子。战友乔安山和周述明家里来信说有困难，雷锋听说后，分别以他俩的名义给家寄去 15 元钱，直到家里来信才知是雷锋做的。雷锋工作非常积极。除了完成好运输任务外，他一天到晚忙个不停，不是在炊事班帮厨，就是清扫厕所，打扫卫生，到连队菜地浇水背垅。

在我的眼里，雷锋是一个闲不住的人，在他的身上充满着旺盛的活力。雷锋就是团里的典型，我那时就把雷锋作为自己学习的榜样，照着他的样子学，跟着他的样子做，在部队连续三年被评为"五好战士"，入了党，当了班长。

雷锋牺牲后，我为雷锋守灵、送葬，七天七夜一直陪着雷锋。

后　记

　　拜读雷锋日记和亲历者讲述，我们心潮澎湃，胸中的暖流在涌动升腾，更加坚定了我们编写这本书的信心。我们把对雷锋的思念敬仰化为最崇高珍贵的礼物，奉献给广大读者。

　　本书的讲述人与编写者，此时散居在全国各地，他们都以虔诚的心情回味着人生中与雷锋相关的每一个细节，回忆的思绪再次被雷锋精神点燃，在这一篇又一篇深情讲述中，让人们再一次懂得神圣与珍贵。

　　一百五十三篇日记和诗文，记录了雷锋献身光辉事业的追求。

　　三十位见证者的讲述，诠释了雷锋平凡而伟大的人生。

　　从家乡望城到北国鞍钢、辽阳、铁岭、营口，再到抚顺的火热军营，雷锋的生活脉络是清晰的，人生轨迹是闪光的。今天，作为雷锋见证人讲述的原型，是那样亲切温暖，栩栩如生，可触可摸地存在于我们的脑海和记忆深处。雷锋如此，他的精神更是如此。他的某些最为原始生动的细节，潜在人们的心底直至灵魂深处。讲述者将自己同雷锋的点滴交往，通过文字变成自己一部心灵的历史和一笔不可替代的宝贵财富，将雷锋精神馈赠给社会。把自己对雷锋的追忆，以理性的目光加以梳理，再次把雷锋鲜活地呈现在读者面前，让人们看到一个真实的雷锋。

在这伟大的新时代，讲述者不仅承担着对雷锋精神发扬光大的使命，也承载着当下人们对雷锋其人其事的深刻思考。这样的努力和付出是值得的，更是难能可贵的。讲述者以独特的眼光和心灵的感悟，书写的雷锋无疑是一份重要的精神坐标，也给后人留下了不可磨灭的印记，对继承和发扬光大雷锋精神更具有深远的意义。

本书让我们再一次走进雷锋，走进雷锋那博大的精神世界，去感知雷锋精神的崇高与伟大；使雷锋精神永远生根、发芽、开花、结果。追求精神的完美是人类共同的目标，雷锋虽然已经离开了我们，可他的精神却在我们的心底永驻，在我们的心窗上永放光芒。

本书在很短的时间内得以完成，倾注了太多人的心血与情愫。他们是湖南雷锋纪念馆、抚顺市雷锋纪念馆、雷锋生前所在部队雷锋纪念馆、鞍钢雷锋纪念馆、辽阳雷锋纪念馆、铁岭雷锋纪念馆和邓州编外雷锋团展览馆的同志们。

特别是中共望城区委宣传部、湖南雷锋纪念馆对本书的策划和筹备给予了大力支持与帮助。

我们把感谢与感动铭记在心，因为，我们心里共同拥有一个伟大而响亮的名字——雷锋。

作为中华民族精神瑰宝的雷锋精神，激励了一代又一代人。希望本书能成为未来传承雷锋精神的重点读物。

让雷锋精神以亲历者最有温度的讲述，来影响这个时代！

本书编委会

2018 年 2 月

参考文献

1.总政治部组织部编著:《永恒的丰碑——雷锋日记和雷锋故事集》,解放军出版社 2012 年第 1 版。

2.沈阳军区政治部组织部:《雷锋日记·诗文选编》,白山出版社 2012 年第 2 版。

3.修订《雷锋志》编撰委员会:《雷锋志》,白山出版社 2013 年第 2 版。

4.华琪、萧潇:《雷锋日记背后的故事》,河北少年儿童出版社 2013 年第 1 版。

5.戴明章:《回忆雷锋》,春风文艺出版社 1994 年第 1 版。

6.邢德铭:《雷锋在辽宁》,中国财政经济出版社 2013 年第 1 版。

7.张惠双:《工人雷锋》,中国财政经济出版社 2016 年第 1 版。

8.辽宁省教育委员会:《抚顺市教育委员会》,《雷锋的话(小学版)》,辽宁教育出版社 1993 年第 1 版。

责任编辑：龚　勋
封面设计：胡欣欣

图书在版编目（CIP）数据

见证人讲述：雷锋日记 /《雷锋》杂志 编 . — 北京：人民出版社，
　2018.2（2025.2 重印）
ISBN 978－7－01－018904－8

I. ①见⋯　II. ①雷⋯　III. ①学习雷锋－青少年读物　IV. ① D648-49

中国版本图书馆 CIP 数据核字（2018）第 025470 号

见证人讲述
JIANZHENG REN JIANGSHU
——雷锋日记

《雷锋》杂志　编

人民出版社 出版发行
（100706　北京市东城区隆福寺街 99 号）

北京中科印刷有限公司印刷　新华书店经销

2018 年 2 月第 1 版　2025 年 2 月北京第 8 次印刷
开本：880 毫米 ×1230 毫米 1/32　印张：7.125
字数：141 千字

ISBN 978－7－01－018904－8　定价：20.00 元

邮购地址：北京市西城区阜外大街 41 号富成大厦 7608 室
北京锋圣文化传媒有限公司　电话（010）68546568